冊, 인문학을 탐하다

인생에 반전이 필요하다면
反轉

인문학 독서가
人文學   讀書

답이다

册, 인문학을 탐하다

인생에 반전이 필요하다면
反轉
인문학 독서가
人文學　　　讀書
답이다

초판 인쇄 2020년 6월 15일
초판 발행 2020년 6월 15일

지은이 김병완
발행인 (주)플랫폼연구소　|　**출판등록** 제 2020-000075 호
교정, 교열 유민정

전화 010-3920-6036 / 02-556-6036　|　**팩스** 050-4227-6427
이메일 pflab2020@naver.com

주소 서울특별시 송파구 법원로 128, B1층 114호(문정동, 문정에스케이브이원지엘메트로시티)

ISBN 979-11-970672-0-4 (03000)

冊, 인문학을 탐하다

인생에 반전이
反轉

필요하다면

인문학 독서가
人文學 　　　 讀書

답이다

김병완 지음

자기계발 분야 1위 베스트셀러 작가
3년 1만권 독서가, 5년 80권 출간
7년 5,000명 독서법 코치
7년 500명 책 쓰기 코치
7년 연속 베스트셀러 도서 연속 출간 작가
대한민국 넘버원 책 쓰기/독서법 학교
김병완칼리지 교장

플랫폼연구소

"고전의 매력은 질박(質朴)입니다.
그리고 그것은 고전이 가진 힘의 원천이기도 합니다.
즉 전혀 다듬어지지 않은 통나무와 같은 것이 고전입니다.
통나무는 식탁의 재료가 되기도 하고, 수레의 재료가 되기도 하고,
궁궐의 재료가 되기도 합니다. 통나무로 무엇을 만들 것인가 하는 것은
만드는 사람의 의지에 달려 있고, 완성된 물건은 통나무의 질감이
살아 있으면서도 만든 사람의 생각이 반영되어 있습니다.
우리는 새로운 생각이나 방법을 가지고 얼마든지 통나무를 깎아
새로운 물건을 만들 수 있습니다. 새로운 물건이 가공되지 않은
원재료를 바탕으로 만들어지는 것과 같이
새로운 아이디어는 고전을 통해 나옵니다."

< 리링(李零), [집 잃은 개], 1374쪽 >

리더에게 필요한 것은 인문학 독서다

"단 한 권의 책밖에 읽지 않은 사람을 경계하라!"

영국의 정치가 디즈레일리(Disraeli)의 이 말은 책 읽기가 얼마나 우리의 인생에 중요한 것인지를 가늠하게 해준다. 당신은 어떤 책을 읽고, 무엇을 탐하는 사람인가? 당신이 읽는 책은 곧 당신 자신이 된다. 그러므로 어떤 책을 읽느냐하는 문제는 당신이 어떤 사람이 될 것인가의 문제와 동일하다.

프랑스의 유명한 미식가는 "당신이 어떤 음식을 먹는지 말해 보라. 그러면 당신이 어떤 사람인지 맞혀 보겠다"라고 말한 적이 있다. 하지만 이 말보다 더 정확하게 적용이 가능한 분야가 바로 책 읽기일 것이다.

"당신이 어떤 책을 읽는지 말해 보라. 그러면 당신이 어떤 사람인지 맞혀 보겠다."

일본에서 자타가 공인하는 최고의 독서가 중 한 사람인 나루케 마코토는 시류에 편승하는 베스트셀러만 따라 읽는 사람들은 다른 사람이 터득한 요령이나 성공비법을 따라 하기나 하는 사람이기에 동물원의 원숭이보다 더 나을 게 없다고 자신의 저서를 통해 주장한 적이 있다.

미국의 소설가 마크 트웨인(Mark Twain)은 더 심한 말을 했다.

"양서(良書)를 읽지 않을 바에는 아무것도 안 읽는 편이 낫다."

물론 필자는 이렇게까지는 생각하지 않는다. 모든 책은 저마다의 가치가 있다고 생각한다. 하지만 조금 더 가치 있는 책이 있고, 상대적으로 덜한 책이 있다고 생각한다. 그렇다면 같은 시간, 같은 양의 독서를 한다고 할 때, 당신은 어떤 책을 읽을 것인가? 대답은 자명하다.

우리는 우리 자신이 원숭이보다 더 나을 게 없는 존재인지, 아닌지를 곰곰이 검증해 봐야 한다. 그리고 그렇게 검증하기 위한 최고의 기준은 인간만이 할 수 있는 고유한 행위, 즉 인문학에 대한 앎과 배움이다. 그리고 인문학 독서로 이를 시작할 수 있다.

우리가 인문학을 탐해야 하는 데에는 이유가 있다. 인문학 독서를 하지 않는 사람은 자신의 인생에 갇혀 살 확률이 높다.

우리가 누군가를 길거리에서 붙잡아 아무것도 할 수 없는 감옥 속에 집어넣고 나오지 못하게 한다면 어떨까? 영화 〈올드보이〉처럼 누군가가 자신을 15년 동안 감금해 버린다고 생각해 보라. 참을 수 없을 것이다. 그렇다면 왜 참을 수 없을까? 그것은 그것이 어제와 다를 바 없는 고정된 삶, 수동적인 삶, 자유가 없는 삶, 성장과 발전이 없는 삶, 죽은 삶을 사는 일이기 때문이다.

그렇다면 인문학 독서를 하지 않는 삶이라면 어떨까? 자신이 갇혀 사는지도 모르면서 하루하루, 평생을 살아가는 것이므로 더 심한 분노를 느껴야 정상이다. 하지만 많은 사람이 그렇게 느끼지 않는다. 그렇기 때문에 그들은 진짜 갇혀서 살아가는 사람들임이 확실한 것이다.

인문학 독서를 하지 않는 사람은 타인이 정해 놓은 인생을 열심히 살아갈 뿐, 자신의 생각과 상상력으로 인생이 무엇인지, 무엇을 하며 살아가야 하는지, 왜 살아가야 하는지, 인생의 참된 의미와 가치는 무엇인지, 어떤 인생을 만들어가야 하는지에 대한 사유가 부족하다.

이러한 인문학적 상상력과 사유가 결핍된 환경은 〈올드보이〉에서 '오늘만 대충 수습하며 살자'라고 자신의 이름풀이를 하는 주인공 '오.대.수'가 15년 동안 갇혀 살아간 환경과 전혀 다를 바가 없다.

인생에 반전이 필요하다면 인문학 독서가 답이다

8평이라는 싸구려 호텔방을 연상케 하는 제한된 감금 공간에서 자신이 왜 감금되어 있는지, 자신은 무엇을 하며 살아가야 하는지, 자신은 누구인지를 알지 못한 채 15년을 살아야 했던 오대수의 삶은 인문학 독서를 하지 않고 살아가는 사람들이 자신이 누구인지, 왜 살아가야 하는지, 무엇을 하며 살아가야 하는지를 사유하지 않고 사는 삶과 크게 다르지 않다.

독서를 하는 사람과 하지 않는 사람 간에도 차이가 있지만, 인문학적 독서를 하는 사람과 그저 베스트셀러나 읽는 사람 사이에도 차이는 마찬가지로 생긴다. 시류에 편승하고, 돈을 많이 벌게 해주고, 직장에서 승진을 잘하게 해주는 책만 읽는 사람은 절대로 리더나 지도자가 될 수 없다.

그 이유는 리더나 지도자에게는 반드시 인문학적 상상력이 있어야 하기 때문이다. 혁신하고 창조하고 이끌어가는 사람들은 모두 인문학적 독서를 하는 사람들이다. 그런 점에서 인생에서 가장 큰 차이를 만드는 것은 인문학적 독서라고도 말할 수 있다.

시류에 편승하는 베스트셀러만 읽는 사람은 수동적으로 흘러가는 TV 영상을 멍하니 바라보는 TV 시청자들과 별반 다를 바 없다. 많은 책을 읽었대도 인생이 바뀌지 않는다고 불평하는 사람은 대부분 이런 종류의 독서를 하는 사람들이라고 보면 된다. 하지만 인문학적 독서를 하는 사람은 적극적으로 자신의 삶을 반추하며, 수천 년이란 시간과 공간을 뛰어넘으며 풍부한 상상력의 세계에 빠져들며, 인간이란 존재의 본질에 더욱 가깝게 접근하기 위해 스스로 한발 한발을 내딛는 사람들이라고 할 수 있다.

대부분의 베스트셀러는 누군가가 이미 해놓은 생각과 경험과 노하우와 지식을 그대로 전달하는 책이기 때문에 독자는 이를 생각할 필요 없이 그대로 받아들인다. 그야말로 주입식이다. 하지만 인문학 도서들은 스스로 그 속에 있는 것들을 파헤치고, 발굴해 내야 한다. 그래서 능동적인 독서법이 동원되는 것이다.

이런 차이 때문에 베스트셀러 위주의 독서를 해왔던 이들에게는 인문학 도서를 읽는 일이 버겁고 힘들고 재미가 없고, 결과적으로 효과도 없다. 일반적인 독서법과 인문학적 독서법은 엄밀하게 말해서 음악을 감상하는 쪽과 새로운 음악을 함께 창작해 가는 쪽으로 나눌 수 있다. 겉에서 봤을 때는 똑같은 독서를 하지만, 한쪽은 감상하는 것이고, 다른 한쪽은 창조해 나가는 것이다. 그래서 독서란 결국 자신의 사고와 의식 수준에 따라 똑같은 책을 읽어도 다른 결과를 만든다. 또한 그렇기 때문에 우리는 인문학적 독서법을 제대로 배워야 할 필요가 있다. 개중에는 그 차이가 무엇이냐고 반문하는 이가 있을지도 모른다. 하지만 그 차이는 너무나 크다. 오죽하면 115권의 책을 쓴 위대한 천재 괴테 (Goethe)가 다음과 같이 말했을까?

"대부분의 사람들은 읽는 방법을 배우는 데 오랜 시간이 걸린다는 사실을 모른다. 나는 8년이 걸렸고, 지금도 완전하다고 말할 수 없다."

우리가 책으로 인문학을 탐해야 하는 이유는 인생을 폭넓게 살고, 심지어 여러 번 살기 위해서이다. 체코의 작가 밀란 쿤데라(Milan Kundera)는 '책을 읽지 않는 사람은 한 번의 인생을 살지만, 책을 읽는 사람은 여러 번의 인생을 산다'고 말했는데, 이처럼 책을 통해 여러 번의 인생을 살기 위해서는 인문학적 독서를 해야 한다.

_ 김병완

차 례

제3부 / 통합적인 책 읽기의 세계에 빠져 보자

1부

인문학은 삶을
풍요롭게 해준다

—

"읽은 책으로 그 사람의 품격을 알 수 있다.
사귀는 친구로 그 품격을 알 수 있는 것처럼."

_ 새뮤얼 스마일스

"좋은 책을 읽기 위해서는 나쁜 책을 읽지 않는 것이 중요하다.
그러기 위해서는 잠시 인기 있는 책에 함부로 손대지 말아야 한다.
바보 같은 독자를 위해서 책을 쓰는 저자들이
흔히 많은 독자들을 지니고 있다는 사실을 깨달을 필요가 있다."

_ 쇼펜하우어

"마음만을 즐겁게 하는 평범한 책들은 지천으로 깔려 있다.
따라서 의심할 바 없이 정신을 살찌우는 책을 읽어야 한다."

_ 세네카

—

제1장

삶과 인문학과
독서는 하나다

인문학 독서가 인생을 좌우한다

"당나귀는 여행에서 돌아와도 여전히 당나귀일 뿐 말이 될 수 없지만, 인간은 인문학 독서를 할수록 더욱더 인간이 되어 간다."

필자는 이 말을 좋아한다. 직접 만든 말이다. 이 한마디로 우리가 인문학 독서를 할 때 생기는 유익함을 단적으로 표현하고자 했다. 인간은 인문학 독서를 하지 않으면 점점 더 인간으로부터 멀어져 가고, 반대로 인문학 독서를 하면 점점 더 인간다워진다. 좀 더 구체적으로 표현하면, 인문학 독서를 제대로 할수록 가치 있는 인생, 의미 있는 인생을 살게 된다. 바로 그런 점에서 인문학 독서는 인생을 좌우한다. 돈이나 성공, 명예가 우리의 인생을 좌우하는 것은 아니다. 돈이나 성공이나 명예는 결국 우리가 어떻게 살아왔는가에 대한 부산물일 뿐이다. 인문학 독서는 우리가 어떻게 살아갈 것인가를 가르쳐 주고 스스로 깨닫게 해준다. 그런 점에서 인문학 도서는 우리의 인생을 모습과 결과까지 결정 짓게 해주는 것이라고 말할 수 있다.

언제부터인지 독서하는 사람들이 편식하기 시작했다. 쉽고 재미있고 시류에 편승하는 얄팍한 책들을 읽기 시작했다. 그래서 인문학 도서들은 점차 잊혀 갔고, 인문학 독서를 하는 사람들을 자신과는 별개의 부류라고 생각하게 되었다.

비인문학 서적들(여기서는 일반 서적이라고 하자), 그러니까 일반 서적들을 읽는 것도 매우 유익하다. 하지만 인문학 서적은 그것보다 한 단계 더 유익하다. 수많은 사람이 책을 많이 읽었음에도 인생이 바뀌지 않았다고 불평을 토로한다. 물론 그 이유는 한 가지가 아닐 것이다. 하지만 알고 보면 그런 사람 중에 상당수는 쉽고 편하고 재미있는 책들 위주로 읽거나, 지식을 쌓을 수 있고, 실제로 바로 이용해 먹을 수 있는 실용서 위주의 책만 읽는다.

인문학 독서를 하든 안 하든 책만 읽으면 되는 것이 아니라 인문학 독서는 독서의 완성 혹은 독서의 주류여야 한다는 것이 필자의 생각이다. 한국 사람에게 식사라면 밥과 국, 반찬들을 골고루 먹는 것이고, 그래야 한 끼 식사를 했다고 생각할 수 있다. 물론 지금은 햄버거 하나만 먹어도 식사를 했다고 하지만, 전통적인 식(食)의 개념에서는 최소한 밥과 국, 반찬을 고루 먹었을 때 식사를 제대로 했다고 생각한다.

즉, 인문학 독서를 하지 않고, 실용서만 보는 사람은 결국 밥은 먹지 않고, 국이나 반찬만 먹고 식사를 했다고 말하는 것과 같다. 몸에 에너지를 주고, 활동하도록 돕는 것은 밥이지 반찬이 아니다. 인문학 독서는 바로 이와 같은 밥의 힘을 내게 주는 독서인 것이다.

다시 말해 인문학 독서는 인생이 튼튼해지고, 강건해지고, 흔들림없이 요동치지 않게 토대와 밑거름이 되어 주는 독서다. 그래서 인문학 독서는 우리의 인생을 좌우하고 남는다. 형편이 어려워 어릴 적 교육을 받지 못한 사람들, 노숙자들, 범죄자들, 알코올 중독자들에게 인문학을 가르치자 그들의 삶이 몰라보게 달라지는 기적이 일어나는 이유도 바로 이것이다.

힘이 없어서 움직이지 못하고 쓰러져 있는 사람들에게 밥을 먹이면 힘을 회복하고 다시 일어나서 활동할 수 있듯, 인문학 독서의 힘은 강하다. 그래서 인문학 독서는 해도 되고 안 해도 되는 것이 아니다. 인문학 독서를 하지 않으면 보다 나은 인생을 창조해 나갈 수 없고, 최고의 자신을 만들 수 없다. 인문학 독서를 통해 자신과 인생에 대해 깨달을수록 인생은 커지고 향상되며, 더 나은 존재로 도약할 수 있다.

인문학 독서를 통해 인문학적 의식과 소양을 가지면 탁월한 혁신가가 될 수 있고, 새로운 법칙을 발견해 내는 위대한 과학자가 될 수 있고, 새로운 예술 분야를 창시하는 놀라운 예술가도 될 수 있다.

그런 점에서 인문학 독서는 평범한 인생을 위대한 인생으로 탈바꿈시켜 주는 위대한 도구이다. 결국 인생을 만드는 것은 학교에서 배운 교육이나 우리가 사귀는 친구가 아니라 우리가 읽은 인문학인 것이다.

인문학 독서가 인생을 좌우할 수 있는 또 다른 이유는 인문학 독서를 통해 우리는 우리가 누구인지, 우리가 왜 살아가야 하는지, 어떤 목표를 가지고 살아야 하는 것인지, 삶과 죽음은 무엇인지, 정의와 도덕은 무엇인지와 같은 질문들을 스스로 던지고, 동시에 그 질문들에 대한 답을 찾아가고 발견해 나갈 수 있기 때문이다.

결국 인문학 독서는 자아를 형성시키고, 세계관과 인생관 같은 자신의 관점을 정립해 나가도록 돕는다. 인생을 좌우하는 것은 바로 이러한 자신의 관점들이라고 할 수 있다. 그런 점에서 이러한 관점들을 형성시키고 결정짓는 인문학 독서가 결국에는 인생을 좌우하는 것이 되는 것이다.

인문학 독서를 한 사람은 그렇지 않은 사람과 삶의 질적 모습이 다를 수밖에 없다. 인생의 질을 결정하는 것은 많은 돈과 지식과 교양이 아니라 인문학 독서이다. 아무리 많은 돈을 가진 자라고 해도 인문학 독서를 통해 자신의 소양과 의식을 드높이지 못한다면 졸부밖에 되지 못한다.

지식과 교양이 아무리 많아도 그것만으로 삶의 품격이 저절로 갖추어지는 것은 아니다. 인문학 독서는 눈에 보이지 않는 품격을 만들어준다. 그렇기 때문에 돈이 없고 지식이 없어도 품격이 있는 사람은 따로 있다.

인문학 독서를 하면 인생을 좀 더 폭넓게 만들어갈 수 있다. 인간이 평생 태어나서 경험하는 경험의 폭과 사고의 수준은 한정되어 있다. 마치 우물 안의 개구리와 다를 바 없다.

최근 방영된 김병만의 〈정글의 법칙〉에서 마다가스카르에서 사는 희귀종인 '피그미 카멜레온'을 소개한 적이 있다. 이 동물은 몸길이가 3cm밖에 안 되는 초미니 생물이다. 그런데 더 놀라운 사실은 이 생물의 평생 활동 반경이 1m 이내라는 것이다.

우리가 이 생물을 보고 놀라는 것이 당연하듯, 우리 역시도 너무나 좁은 세계 안에서 갇혀 살아가는 존재들인지도 모른다. 하루 종일 우리는 7만 가지의 생각들을 하며 살아간다. 그런데 그 7만 가지 생각들 중의 80% 이상의 생각은 어제 했던 바로 그 생각들이다. 결국 우리는 우리 생각의 감옥에서 벗어나지 못하는 것이다.

인문학 독서는 우리가 우리 생각의 회로 안에서 벗어날 수 있게 해준다. 니체가 망치로 철학하는 법에 대해 언급했듯이, 인문학 독서는 우리의 얼어붙은 의식 세계를 깨뜨려 주는 망치와 같다.

우리 삶의 질과 인생의 크기를 결정짓는 것은 바로 인문학 독서이다.

인문학 독서는 살아가는 힘이다

일반적인 독서와 가장 큰 차이를 만들어 내는 인문학 독서의 특징은 인문학 독서를 하면 '통합적이고 다면적으로 세상을 보는 눈'을 갖게 된다는 것이다. 그리고 그러한 눈은 인생을 잘 살아가게 해주는 엄청난 힘이 되어 준다.

인생을 살아갈 때, 이러한 '통합적이고 다면적으로 세상을 보는 눈'이 필요한 이유는 이 세상을 살아간다는 것은 수많은 선택을 하면서 살아간다는 것과 같은 의미이며, 인생을 잘 살아간다는 것은 가장 좋은 최선의 선택을 할 줄 안다는 것을 의미하기 때문이다.

하루에도 크고 작은 선택을 해야 하며, 인생을 좌지우지할 만큼 큰 선택을 해야 할 때도 너무나 많다. 그런데 그 선택을 어떻게 하고, 무엇을 택하고 심지어 새로운 길과 해결책을 강구하고 발견해 내느냐 하는 것에 따라 우리가 인생을 잘 살아가는지 아닌지가 결정되어 버린다.

인문학 독서를 통해 통합적이고 다면적으로 세상을 보는 눈을 가지면, 수많은 선택의 순간에 올바른 선택을 할 수 있다. 즉 어떻게 살아갈 것인가에 대해 훨씬 더 나은 길을 선택하고 발견하고 심지어는 만들 수 있다. 이런 점에서 인문학 독서가 살아가는 데 힘이 되어 준다는 것이다. 돈이나 빵이 우리에게 살아갈 힘을 준다고 쉽게 생각할 수 있지만 그보다 더 근본적이고 강력한 살아가는 힘은 인문학에서 나온다.

인간은 무엇으로 사는가? 살아가도록 해주는 근원적인 힘은 무엇인가? 시련과 역경을 견디며, 허무와 부조리를 이겨내고, 슬픔과 아픔을 초월하며, 내일이 되면 새롭게 춤추며 웃으며 살아낼 수 있는 힘은 과연 어디에서 올까? 모든 것을 빼앗긴다고 해도 어떤 아픔과 시련을 겪는다 해도 다시 살아가게 하는 강력한 힘의 원천은 무엇일까?

그것은 자신과 세상과 삶을 성찰하고 자신이 왜 살아가야 하는지의 이유를 발견하게 하는 인문학의 힘이라고 할 수 있다. 삶의 이유를 가진 자와 삶의 가치를 깨달은 자는 어떤 고난에서도 살아내는 힘을 가진다. 인문학 독서는 그러한 삶의 이유와 가치를 발견하게 해준다.

기적의 인문학 수업으로 알려져 있는 클레멘트 코스(Clemente Course)는 가난에 빠져 있던 한 무리의 청년들에게 플라톤에 대해 토론하게 하고, 소크라테스와 만나 대화하게 함으로써 최하층 빈민들과 노숙자들이 자신을 성찰하게 만들었고, 삶의 의미와 가치를 깨닫게 해주었다. 그들은 노숙자와 알코올 중독자, 범죄자에서 사회의 어엿한 구성원으로 탈바꿈되어 갔다. 즉 그들은 제대로 올바르게 그리고 인간답게 살아가는 힘을 인문학을 통해 기를 수 있었던 것이다.

인문학 독서가 살아가는 데 힘이 되어 주는 이유는 여러 가지이다. 인문학 독서를 통해 우리가 얻는 것들은 고스란히 살아가는 데 힘이 되어 준다. 가령 문학 작품을 통해 얻은 감동과 환희, 비극과 사랑, 운명과 극복의 서사시 등에 대한 간접 경험은 고스란히 세상 풍파를 이겨내

인생에 반전이 필요하다면 인문학 독서가 답이다

며 즐겁고 기쁘게 웃으며 살아가는 데 도움을 준다.

프랑스의 18세기 계몽주의 철학자 볼테르(Voltaire)의 〈캉디드 혹은 낙관주의〉를 읽으면, 주인공이 경험하는 삶들을 고스란히 간접적으로 경험하며, 삶에 닥쳐오는 불행과 시련과 역경 들을 좀 더 잘 대처하며 극복하며 이겨나갈 수 있는 힘과 정신을 얻게 된다.

그 작품의 마지막 부분을 감상해 보자.

"이러쿵저러쿵 따지지 말고 일합시다. 그것이 인생을 견딜 만하게 해주는 유일한 방법이에요."

마르틴이 말했다. ··· 팡글로스는 가끔 캉디드에게 말했다.

"모든 사건들은 가능한 최선의 세상 안에서 서로 연결되어 있다네. 왜냐하면 결국 만일 자네가 퀴네공드를 사랑했다는 이유로 엉덩이를 발로 차이고 아름다운 성에서 쫓겨나지 않았다면, 만일 자네가 종교 재판에 회부되지 않았다면, 만일 자네가 아메리카 대륙을 누비고 다니지 않았다면, 칼로 남작을 찌르지 않았다면, 엘도라도 낙원에서 끌고 온 양들을 잃어버리지 않았다면, 여기서 이렇게 설탕에 절인 레몬과 피스타치오 열매를 먹지 못했을 테니까 말이야."

"참으로 맞는 말씀입니다."

캉디드가 대답했다.

"하지만 우리의 정원은 우리가 가꾸어야 합니다."

_볼테르, 〈캉디드 혹은 낙관주의〉, 206~207쪽

인문학 독서를 통해 우리는 삶을 살아내고, 견디어 내고, 개척해 나갈 수 있는 힘을 얻는다.

인문학 독서 vs 일반서 독서

우리는 학교 선생님 혹은 대학 교수를 만날 때와 친구를 만날 때, 동료를 만날 때 자세와 태도, 마음가짐 등이 동일하지 않다. 그 이유는 무엇일까? 우리가 만나는 상대방의 성격 혹은 지위 등이 다르기 때문일 것이다. 또, 똑같은 운동을 하더라도 등산을 갈 때와 수영을 할 때, 스키를 탈 때와 조깅을 할 때는 그 방법이 다 달라야 한다. 무조건 똑같은 방식으로 똑같은 복장으로 다양한 스포츠를 즐긴다는 것은 매우 어리석은 짓이다.

독서에도 이러한 원리는 그대로 적용된다. 실용서를 위주로 한 일반서를 독서할 때와 인문학 독서를 할 때는 그 방법과 마음 자세가 달라야 한다.

일반서 독서를 할 때는 다양하게 폭넓게 훑어보면서 필요한 것들을 뽑아내는 식으로 독서해야 한다. 하지만 인문학 독서를 할 때는 깊고 좁게 천천히 되씹으면서 가능하면 전부를 다 뽑아내기 위해 몸통 전체를 다 먹지만, 한 번에 한입씩 먹는 식으로 독서를 해야 한다.

일반서 독서의 유형을 가장 잘 설명해 준 사람으로 〈지식을 경영하는 전략적 책 읽기〉의 저자인 스티븐 레빈(Stephen Levin)을 필자는 들고 싶다. 그는 '속도'와 '효율'의 혁신적인 독서기술에 대해 집필한 적이 있다. 그는 자신의 이 책을 통해 독서를 할 때 무조건 처음부터 끝까지, 읽을 때마다 천천히 읽어야 할 필요는 없다고 조언해 준다. 그가 말하는 이러한 독서법은 일반서 독서에 적당한 독서법이다. 결코 인문학 독서법에는 어울리지 않는다. 그가 조언해 주는 독서법이 어떤 것인지 살펴보면 이렇다.

"다양한 책을 놓고 조금 빠른 속도로 읽어 나가다가 궁금하거나 호기심을 자극하는 내용이 있으면 속도를 줄이고 자세히 읽으면 된다. 처음 책을 집어 들었을 때는 그 책의 깊이가 얼마나 되는지, 넓이는 얼마인지, 농도와 밀도는 어떻게 되는지 알지 못한다. 따라서 한군데 지나치게 오래 머물러 있는 것은 좋지 못하다. 금세 지쳐서 다른 책을 붙잡는 데 방해가 되기 때문이다. 그보다는 일단 처음부터 끝까지 휙 둘러보고 나서, 한 권 한 권 천천히 다시 음미해보는 게 좋다. 그렇게 읽으면 다른 사람들이 간신히 한 권 집어 들고 독파하는 것보다 더 많이 읽으면서 필요한 것들을 더 많이 뽑아내게 된다."

_스티브 레빈, 〈지식을 경영하는 전략적 책 읽기〉, 27쪽

결국 일반서 독서법의 주류는 '빨리 그리고 많이, 핵심만 읽는 것'이다. 일본의 유명한 평론가이자 〈나는 이런 책을 읽어 왔다〉의 저자이기도 한 다치바나 다카시 역시 처음에는 책 전체의 구조나 흐름을 파악하고 나서, 단락 단위로 속독하면서 책의 핵심적인 내용들을 뽑아낸다.

영국의 정치가 디즈레일리는 '단 한 권의 책 밖에 읽지 않은 사람을

인생에 반전이 필요하다면 인문학 독서가 답이다

경계하라!'고 말한 적이 있는데, 그가 말한 책은 인문학 서적이 아니라 일반서일 것이다. 물론 그가 그 말을 할 때는 모든 책을 의미했을 것이다. 하지만 필자는 생각이 다르다. 그의 말을 그가 한 말의 의도와 다르게 해석하고 싶은 것이다.

인문학 독서는 그의 그런 비난에 조금 덜 위협적이다. 왜냐하면 인문학 독서를 하면 단 한 권의 책으로도 많은 것들을 얻을 수 있기 때문이다. 그런 점에서 인문학 독서법은 일반서 독서법과 다를 수밖에 없고, 달라야만 한다.

〈천천히 읽기를 권함〉이란 책의 저자인 야마무라 오사무는 읽는 방식은 곧 삶의 방식이며, 그것이 다르면 세계관이 다르고, 가치관도 달라질 수 있다고 조언하면서, 천천히 책을 읽는 것은 포도의 싱싱한 맛을 느끼기 위해서 꼭 필요한 읽기 방식이라고 주장한다.

> "읽는 방식은 중요하다. 글을 쓰는 사람이 전력을 다해, 시간을 들여, 거기에 채워 넣은 풍경이나 울림을 꺼내보는 것은 바로 잘 익어서 껍질이 팽팽하게 긴장된 포도 한 알을 느긋하게 혀로 느껴보는 것과 같은 것이다.
> 바쁜 일상 속에서 천천히 책을 읽는 것은 의외로 어려운 일이다. 그러나 포도의 싱싱한 맛은 먹는 방법 하나에 달려 있다. 마찬가지로 읽는 방법 하나에 책 자체가 달라진다. 즐거움으로 변한다."
>
> **_ 야마무라 오사무, 〈천천히 읽기를 권함〉, 178쪽**

필자는 조금 다르게 생각한다. 읽는 방식이 중요한 것이 아니라 그 책이 원하는 방식이 무엇인가를 파악하는 것이 중요하다고 생각한다. 이 세상에 존재하는 모든 책을 천천히 읽어서도 안 되고, 반대로 빨리 읽어서도 안 된다. 그래서 우리가 책을 읽을 때는 가장 먼저 그 책이 원하는 책 읽기 방식을 간파해야 한다. 그러고 나서 자신이 간파한 대로, 그 책을 대하는 것이다. 그것이 책에 대한 예의라면 예의이다.

우리가 사람을 만날 때 그 사람의 지적 수준과 성격과 취향에 따라 대하는 방식과 대화의 내용과 질과 태도를 다르게 하듯, 책도 마찬가지다. 이러한 기준과 생각으로 나누었을 때, 실용서, 자기계발서 등과 같은 일반서는 대부분 빨리 읽고, 핵심을 파악하고, 많이 읽는 것이 가장 중요하다는 것을 알게 되었다.

그래서 〈책, 열권을 동시에 읽어라〉의 저자인 나루케 마코토가 말한 '모든 책은 완독할 필요는 없다'는 말에 동의하는 것이다. 일반서 독서는 빠르게, 넓게, 영리하게, 핵심만 읽는 독서법이다.

인문학 독서가 일반서 독서보다 한 단계 더 높은 차원의 독서라고 과감하게 말할 수 있는 이유는 인문학 독서를 통해 우리가 누리는 혜택이나 유익함 혹은 영향력이 일반서의 몇 십 배 혹은 몇 백 배가 족히 되고도 남기 때문이다.

인문학 독서를 할 때는 빠르게 읽기보다는 느리게 읽어야 한다. 느리게 읽는다는 것은 속도에만 한정된 의미가 아니다. 진짜 느리게 읽는다는 것은 자기 자신과 작가에게 끊임없이 의문을 던지고 질문을 하고 대화를 이끌어내면서 읽는다는 것이다.

이 책의 작가가 만들고자 하는 세계는 어떤 세계이지? 이 책의 작가는 무엇을 말하려고 하지? 왜 이 책의 이 대목에서 이런 이야기가 나오지? 이 내용보다 다른 내용으로 대체하는 것이 더 낫지 않을까? 이 부분에서 이 말은 우리에게 무엇을 깨닫게 해주기 위한 것일까? 이 책의 작가가 묘사하는 전체적인 그림은 어떤 것이지? 같은 다양한 의문을 던지면서 읽는 것이 천천히, 느리게 읽는 것이다. 그리고 그 책에 나오는 사람들, 사물들의 입장이 되어 그 책 속으로 들어갔다가 다시 나왔다가 또다시 들어가기를 수백 번도 더 반복하고 되풀이하면서 읽는 것이 천천히, 느리게 읽는 것이다.

인문학 독서는 우물에서 물을 길어오는 것과 같다. 우물에서 물을 길어서 한 모금만 마실 것인지, 끊임없이 길어올릴 것인지 자신이 하기 나름이다. 일반서 독서는 그 책 속에 지혜나 지식이 한정되어 있는 한 통의 정수기로 제한된 정수기에서 물을 마시는 것과 같다. 한 통의 물을 다 마시면 더 이상 마실 물이 없다. 그래서 다른 책으로 빨리 옮겨가야 한다.

인문학 독서는 하나의 우물에서 한없이 많은 양의 물을 길어올릴 수 있듯 다른 책으로 빨리 옮겨갈 필요가 없다. 오히려 천천히 두고두고 계속 인생에 대한 물음을 던지고 대답을 찾아가면서 삶의 근본적인 질문에 대한 목마름을 해소해 나가는 것이다. 그래서 지식을 위한 독서와 인생을 위한 독서를 굳이 나누어야 한다면 이렇게 나눌 수 있다.

인문학 독서는 우리의 성공을 이끈다

"IQ가 160인 많은 사람들이 IQ가 100도 안 되는 사람들을 위해 일한다. IQ가 160인 사람들은 대인관계 지능이 낮고 그들의 상사는 대인관계 지능이 높기 때문이다. 공감 능력이 없는 사람은 파트너 선택이건 직업에서건 인생에서 끊임없이 잘못된 선택을 한다."

하버드대학교 심리학과 교수인 하워드 가드너(Howard Gardner)는 타인에게 공감하고 타인의 감정을 이해하고 그것에 맞게 행동하고 대처할 수 있는 대인관계 지능이 지능지수보다 더 중요하다고 말한다. 그는 미래를 성공으로 이끌 다섯 가지 마음 능력 중의 한 가지로 종합하는 마음, 창조하는 마음, 그리고 존중하는 마음을 제시한 적이 있다.

그가 중요시하는 대인관계 지능과 존중하는 마음 등은 모두 타인과의 관계에서 비롯되는 것이다. 그리고 타인과의 관계는 결국 타인의 마음을 이해할 수 있고, 공감할 수 있는 능력에서 비롯된다고 할 수 있다.

이제는 지능지수가 높은 사람이 아니라 감성지능, 즉 EQ가 높은 사람이 더 잘 성공할 수 있는 시대이다. 아이러니하게도 과학이 발달할수록, 기술이 좋아질수록 정작 그 기술과 과학을 토대로 만들어지는 제품을 사용하는 주체인 인간은 기계가 아닌 인간을 본능적으로 그리워하기 때문이다.

인생에 반전이 필요하다면 인문학 독서가 답이다

스티브 잡스(Steve Jobs)의 아이폰이 열풍을 일으킨 것은 뛰어난 기술의 신제품이었기 때문이 아니라, 인간의 감성을 자극하는 디자인과 인간 입장에서 만들어 극대화된 사용 편리성 때문이라고 할 수 있다.

　애플에서 아이폰이 만들어지기 훨씬 전부터 스마트폰은 삼성과 노키아와 같은 기술력이 좋고 집약된 메이저 회사에서 만들어 판매하고 있었지만, 기술이 아이폰보다 훨씬 더 뛰어났고, 훨씬 더 다양한 기능들이 많았음에도 인간의 감성을 자극할 수 있는 인문학적 요소가 결여되어 있었다.

　인문학 독서를 통해 인문학적 소양과 감정이 충만한 사람들이 그렇지 못한 사람보다 더 성공할 수 있는 것은 시대의 변화, 기술의 발달, 과학의 문명 때문이다. 알버트 아인슈타인(Albert Einstein)이 '지식보다 상상력이 더 중요'하다고 말하고, '지성에는 강력한 힘이 있지만 인격이 결여되어 있기에 수상화하지 않도록 조심'해야 한다고 말한 것은 이와 같은 맥락에서 이해할 수 있다. 지식, 기술, 과학 등은 충분히 강력한 요소들이지만, 거기에는 인간의 감성을 충족시켜 줄 요소가 결여되어 있다. 그래서 아인슈타인이 지식보다는 상상력이 더 중요하다고 말했던 것이다.

　〈감성지능(Emotional Intelligence)〉의 저자인 대니얼 골먼(Daniel Goleman)은 '높은 IQ가 성공을 보장하지는 않는다'고 말한다. 즉 IQ보다 감성지능인 EQ가 성공하는 데 있어서 더 중요하다. 그리고 인생을 살아가는 데 있어서도 물론 EQ가 더 중요하다고 할 수 있다.

그렇다면 감성지능은 구체적으로 어떤 것을 의미하는 것일까? 감성지능에 대해 이 책에서는 다섯 가지 중요 요소를 언급하고 있다.

첫 번째는 자신의 감성을 인식하는 것, 두 번째는 자신의 감성을 관리하는 것, 세 번째는 스스로 동기를 부여하는 것, 네 번째는 타인의 감성을 인식하는 것, 다섯 번째는 대인관계를 잘 해결하는 것이다.

통합적으로 살펴보면, 감성지능은 한마디로 자신의 감정을 잘 인식하고 그것을 잘 조절하고 표현할 수 있는 능력과 함께 타인의 감정에 대해 공감하고, 그에 맞게 행동하고 대처해 나가면서 발생된 문제나 갈등을 잘 해결해 나가는 능력이라고 말할 수 있을 것이다.

그렇다면 이러한 감성지능은 어떻게 키울 수 있을까? 지식을 주입하고, 어려운 수학문제를 풀고, 자격증을 취득하고, 스펙을 쌓는 것으로 과연 가능할까? 절대로 그렇지 않다.

상상력의 산물인 인문학 독서만이 우리의 감성을 자극할 수 있고, 우리로 감정을 느끼고, 흥분하고, 전율하고, 환희하고, 슬퍼하고, 분노하고, 열광하고, 상상하고, 공감하고, 대응하고, 소리지르고, 춤추고, 웃고, 울게 만들 수 있다. 그런 점에서 감성지능을 키워주고 강화시켜 줄 수 있는 것은 이 세상에 인문학 독서밖에 없다고 말해도 과언이 아닐 것이다.

인문학이 상상력의 산물이기에, 인문학을 읽으면 우리의 상상력은 향상된다. 인문학이 인간이 살아가면서 겪고 만나고 부딪히는 모든 문제를 다루고 그것을 해결하고 극복하는 내용을 담고 있기에 인문학을 읽으면 인간에 대해, 타인에 대해 더 잘 공감할 수 있고, 이해할 수 있다. 그리고 그러한 공감과 이해는 우리가 마주하는 수많은 문제들 앞에서 어떻게 대응하고 대처해 나갈 것인지에 대한 해답과 힌트를 제공해 준다.

역사의 경우, 더욱더 명확한 인간관계와 처세에 대해 이해할 수 있게 해주며, 인간의 심리를 더욱더 정확하게 이해하고 깨달을 수 있게 해준다. 뿐만 아니라 역사를 통해 우리는 인간이 어떤 존재이며, 어떤 사회적 동물인지에 대해서도 분명하게 이해할 수 있다.

철학도 이와 다르지 않다. 철학을 통해 인간은 무엇을 중요시 여기고, 무엇에 유혹을 받고, 무엇을 갈망하는지, 무엇 때문에 살아야 하고, 무엇 때문에 죽어야 하는지에 대해 알 수 있고, 무엇보다도 인간 그 자체가 과연 무엇인지에 접근할 수 있다.

결국 이러한 모든 것들은 자기 자신과 타인에 대해 더 잘 이해하고, 인식하고, 공감하는 능력을 길러 준다. 그렇기 때문에 인문학 독서를 하는 사람이 그렇지 못한 사람보다 더 성공하는 것은 어쩌면 지금 이 시대에 너무나 당연한 일일지도 모른다.

수많은 기업이 면접에서 인문학 소양을 갖춘 인재들을 선발하려고 노력하는 이유 역시 바로 이것이다. 인문학적 소양을 갖춘 사람들이 직장 생활을 훨씬 더 원만하게 잘할 뿐만 아니라 타인의 협력을 잘 이끌어 내어 더 좋은 업무 성과를 창출하기 때문이다. 뿐만 아니라 인문학적 소양을 갖춘 인재들은 IT 제품을 만들어도 인간의 감성 등 인간 중심을 토대로 제품을 만들게 되므로, 훨씬 더 경쟁력 있는 제품이 만들어지게 된다. 그렇기 때문에 인문학적 마인드와 소양을 갖춘 인재가 그렇지 못한 인재보다 훨씬 더 가치 있고, 경쟁력 있고, 필요한 인재인 것이다.

"성공한 CEO들의 비결은 다름 아닌 서재에 있다."

〈뉴욕타임스〉가 CEO들의 성공 비결과 관련, 언젠가 실은 기사이다.

제2장

인문학을 가까이 하면
삶이 풍요로워진다

인문학은 삶을 풍요롭게 하는 최상의 방법이다

"얼마나 많은 책을 읽고 얼마나 많은 소세계의 주민이 되어 자신을 얼마나 많은 다세계 존재자로 만들었는가에 따라 그 사람의 소우주가 얼마나 풍요로운지 결정된다."

일본의 평론가인 다치바나 다카시(立花隆)의 이 말은 인문학 독서를 비롯한 모든 책들이 우리의 삶을 풍요롭게 해주는 최고의 도구라는 사실을 잘 말해 준다. 삶에 방황하며 인생의 쓴 잔에 상처와 아픔을 받은 얼마나 많은 이들이 독서를 통해 위안을 얻고, 삶의 길을 발견하게 되었던가?

인문학 독서를 통해 삶의 큰 기쁨과 유익을 얻었음을 가장 잘 표현한 문장 중에 하나는 미국의 위대한 사상가였던 조나단 에드워즈(Jonathan Edwards)가 겨우 열세 살의 나이에, 인문학 독서를 통해 얻은 기쁨과 유익, 그 감동에 대해 한 말을 그의 최초의 전기 작가 새뮤얼 홉킨스(Samuel Hopkins)가 표현한 데서 드러난다.

"대학교 2학년이던 열세 살 때, 그는 인간 이해에 관한 로크의 글을 읽고 큰 기쁨과 유익을 얻었다. 그는 비상한 천재성으로, 다른 말로 하면 타고난 능력으로, 그 사상을 정확하게 이해하고 깊이 꿰뚫더니 지금은 그것을 연습

인생에 반전이 필요하다면 인문학 독서가 답이다

하고 완전히 깨닫기 시작했다. 종종 그리고 숨을 거두기 얼마 전까지만 해도 그는 그 책을 손에 들고는 몇몇 친구들에게 말하기를, 대학 시절에 읽었던 그 책을 통해 말할 수 없는 위로와 기쁨을 얻었으며, 그 책에 몰두하여 연구하면서 얻은 만족과 기쁨은 새로 발견한 금은보화를 손에 가득 들고 있는 욕심 많은 구두쇠의 기쁨보다 훨씬 크다고 말하곤 했다."

_조지 M 마스든, <조나단 에드워즈 평전>, 103~104쪽

인문학은 우리에게 말할 수 없는 기쁨과 위로를 줄 뿐만 아니라 놀라운 지혜를 제공하여 인생을 좀 더 잘 살게 해준다. 놀라운 지혜에 대해서 어떤 이들은 남들보다 경쟁에서 이기고, 남들보다 무엇인가를 더 잘하게 해주는 것과 관계된 것이라고 생각하는 경향이 강하다.

그것은 우리가 생존을 위해서 전쟁에서, 혹은 경쟁에서 이겨야 하는 사회에서 살아왔기 때문이다. 즉, 우리들이 경쟁 사회에서 태어나 경쟁 속에서 교육을 받고 경쟁 속에서 살아가기 때문이다. 하지만 참된 지혜는 남들과의 경쟁에서 이기도록 해주는 것이 아니다.

참된 지혜는 자신의 삶을 좀 더 가치 있고, 풍요롭게 살아갈 수 있도록 이끌어 주는 그 무엇이다. 그렇기 때문에 참된 지혜를 기르거나 쌓는 사람들은 삶을 풍요롭게 살아갈 수 있다.

우리는 보통 삶을 풍요롭게 하기 위해서는 성공해야 하고, 돈을 많이 벌어야 한다고 생각한다. 그래서 그러한 것들이 우리로 하여금 부족함 없이 살아가도록 해주어야만 인생이 풍요로워진다고 생각한다. 하지만 인생의 참된 풍요로움은 그런 것이 아니다.

돈이 아무리 많고, 아무리 높은 지위에 올라가고, 엄청난 성공을 한다 해도 그것이 삶의 풍요로움이라고 말할 수 없는 이유는 우리에게는 보이지 않는 더 중요하고 영향력이 큰 가치와 의미가 실존하고 있기 때문이다. 그래서 삶의 의미와 가치를 많이 느끼고, 그것을 창출해 내고, 붙잡는 사람들이 돈이나 물질, 세상적인 지위나 성공보다 더 크게 삶을 풍요롭게 만들어 내며 살아갈 수 있는 것이다. 반대로 돈이 많은 사람들 중에서도 자살을 하는 사람들이 적지 않은 이유는 삶의 크나큰 결핍을 그들이 느꼈기 때문이다.

"내가 행복했던 날은 엿새도 되지 않는다."

인생을 살면서 큰 성공을 했고, 높은 지위에 올라섰음에도 평생 행복한 날은 겨우 6일밖에 되지 않는다고 말한 나폴레옹(Napolѐon I) 역시 삶이 풍요롭지 못했다. 그는 누구보다 더 큰 삶의 결핍을 느낀 사람일 것이다.

반면에 누가 봐도, 풍족한 환경, 풍요로운 조건이 아니었던 헬렌 켈러(Helen Keller) 여사를 보자. 그녀는 너무나 힘든 신체적 조건 속에서 평생 살았다. 두 눈이 보이지 않았고, 말도 할 수 없었다. 하지만 그녀의 삶은 누구보다 아름다웠고, 누구보다 풍요로웠다. 그 이유는 무엇일까? 바로 마음과 의식이 누구보다 풍요로웠고, 누구보다 아름다웠기 때문이다.

"난 너무나 아름다운 인생을 살았다. 내 인생에서 행복하지 않은 날은 하루도 없었다."

그녀의 말 속에서 우리는 인생의 진정한 행복과 아름다움이 무엇인지 가늠해 볼 수 있다. 바로 마음과 의식의 풍요로움이 우리의 행복과 인생을 좌우한다는 사실이다. 이 마음과 의식의 풍요로움은 절대로 돈이나 성공이나 지위로 채워질 수 없다. 이것이 인문학 독서가 이 세상에 존재하는 그 어떤 것들보다 삶을 풍요롭게 하는 진짜 이유다.

인문학 독서는 우리의 생각을 넓혀 준다

"어떤 책이 좋은 책인지를 판단하는 기준은 그 책이 당신에게 얼마나 강한 펀치를 날리는가 하는 점이다."

프랑스의 소설가 귀스타브 플로베르(Gustave Flaubert)가 한 이 말은 책이라면 최소한 우리의 굳은 머리를 깨어 부수고 새로운 의식과 생각을 할 수 있게 해주어야 한다는 사실을 우회적으로, 혹은 빗대어서 말하고 있다.

인문학 독서를 통해 우리는 우리의 편견을 깰 수 있고, 우리의 생각을 확장시켜 나갈 수 있고, 심지어는 새로운 생각의 토대를 마련할 수 있다. 그리고 놀랍게도 우리에게 강한 펀치를 날릴 수 있는 책들은 대부분 인문학 도서들이다.

그렇기 때문에 인문학 독서만큼 우리의 생각을 넓히고, 사유를 확장시켜 주는 방법을 이 세상에서 찾기란 어렵다. 여행을 가거나 새로운 경험을 하면 견문이 넓어지고 생각이 넓어질 수 있다. 하지만 위대한 작품과 위대한 인물, 위대한 역사적 사건들을 만나고 경험한 것만큼 넓어지지는 않는다.

인문학 독서를 한다는 것은 위대한 인간들이 인류에게 남긴 위대한 작품을 만나는 것이며, 위대한 영웅을 시간을 뛰어넘어 만나는 것이며, 위대한 사상과 조우하는 것이며, 시간의 축을 거슬러 위대한 역사적 사건을 경험하는 것이다. 이러한 독서는 우리의 생각을 넓혀 줄 수밖에 없고, 우리의 사유와 의식을 확장시켜 줄 수밖에 없다.

생각을 넓혀 주기 때문에 인문학 독서와 책은 사람을 달라지게 한다. 인문학 독서와 좋은 책을 읽고 나면 더 이상 우리는 이전의 우리가 아니다. 생각이 달라지고, 눈빛이 달라지고, 마음속에 이전에는 없던 무언가 뿌듯한 것들이 창조되기 때문이다.

무에서 유를 창조하는 것 중 가장 놀라운 것이 인간의 생각인지도 모른다. 하지만 대부분의 사람들이 하루 8만 가지 정도의 생각을 하면서 하루를 살아가는 반면 그러한 생각들 중 80% 이상의 생각들이 어제 했던 생각에 불과하다.

다람쥐 쳇바퀴 도는 것을 보면 답답하고 측은한 마음이다. 하지만 인문학 독서는 그러한 사고의 틀에서 벗어나 그 틀을 좀 더 확장시켜 나가게 돕는 것이므로 희망이 있다. 인문학 독서를 하면 사람이 달라지고 인생이 달라지는 경험을 할 수 있다.

아무리 인간의 생각이 무에서 유를 창조해 낸다고 해도, 어제 했던 사고의 틀을 벗어나지 못하는 사람은 어제와 별반 다를 바 없는 인생만을 창조하며 살아가는 것이 된다. 하지만 사고를 유연하게 하는 사람, 사고의 틀을 어제보다 조금 더 확장시킨 사람은 그만큼 더 확장된 인생을 살아가게 되는 것이다.

인문학 독서를 많이 하면 사고의 폭이 넓어진다. 사고의 폭이 넓어진 만큼 세상의 이치를 깨닫고 알게 된다. 알게 된 만큼 세상이 돌아가는 원리를 보게 된다. 그리고 보이는 만큼 자신의 견해와 주장이 많아진다. 그러면 보이기 때문에, 책을 쓸 수 있을 정도로 지혜가 풍부해진다.

공부를 많이 한 학자들이 책을 많이 쓰는 것은 그만큼 공부를 통해 사고의 폭이 넓어졌기 때문이다. 사고의 폭이 넓어진 만큼 알게 되고, 아는 만큼 보이게 되고, 보이는 만큼 쓸 수 있게 되기 때문이다.

사고의 폭이 좁은 사람은 단 한 권의 책도 쓸 수 없다. 책을 읽지 않은 사람들이 책을 쓰는 것도 힘든 이유가 바로 이것이다. 하지만 평범한 사람이라도 책을 수천 혹은 수만 권을 읽으면 사고의 폭이 읽은 만큼 향상된다. 책을 많이 읽는 독서광들이 결국에는 책을 쓰는 작가가 되는 것은 어쩌면 매우 자연스러운 현상일 수밖에 없는 것이다.

이것은 물이 차면 저절로 흘러넘치는 원리이다. 필자는 다른 책에서 이것을 '임계점의 법칙'이라고 명명했다. 물을 끓일 때도 90도, 91도⋯. 이렇게 온도가 서서히 올라가다가 결국 99도를 넘어 100도가 되었을 때 비로소 물이 끓는 것처럼, 어느 지점, 즉 임계점을 통과할 때 모든 것이 달라지는 경험을 하는 것이다.

독서에는 철저하게 이러한 임계점의 법칙이 적용된다. 필자의 다른 전작인 독서법에 관한 이야기를 다룬 책들을 보면 항상 나오는 말이 바로 이 임계점을 돌파하라는 이야기이다.

아무리 많은 노력을 해도, 아무리 많은 지식을 쌓아도, 아무리 많은 돈을 벌어도, 아무리 눈부신 성공을 해도, 아무리 높은 지위에 올라도 사람은 잘 바뀌지 않는다. 사람이 바뀐다는 것은 그 사람의 환경이나 조건이 달라졌다는 것도, 새로운 지식이나 경험이 더 많이 주입됐다는 것도 의미하지 않는다. 의식의 혁명적인 변화를 의미한다. 그런 점에서 진정한 혁명을 가져다주는 것은 이 지상에서는 독서뿐이다.

어떤 이는 독서를 통해 자기발전을 이뤄 행복하고 성공적인 삶을 살지만, 어떤 이는 독서를 아무리 해도 혁명 같은 변화가 일어나지 않아서 어제와 다를 바 없는 삶을 살기도 한다. 그 차이는 한마디로 독서의 임계점을 통과하고 못하고이다. 임계점은 눈에 보이지 않고 코로 냄새 맡을 수도 없고 귀로 들을 수도 없다. 그렇기 때문에 수많은 사람이 독서의 임계점을 넘지 못하기도 한다.

책을 한 권 읽은 사람은 두 권 읽은 사람보다 더 적게 보고, 더 적게 사고하게 된다. 콩 심은 데 콩 나고, 팥 심은데 팥 나는 것처럼, 책을 많이 읽으면 책을 쓸 수 있다. 운동을 많이 하면 운동선수가 될 수 있고, 노래를 많이 하면 가수가 될 수 있는 것과 같다.

인문학 독서는 생각을 넓혀 주어 하드웨어인 사람은 변하지 않지만, 소프트웨어인 인간의 사고를 변하게 한다. 소프트웨어가 변하면 그 사람 자체가 달라진다고 할 수 있다. 외모는 성형수술을 통해 바꿀 수 있지만 내면의 변화는 독서를 통해서만 가능하다.

인문학 독서를 해야 하는 이유!

"세계적인 명성을 얻고 있는 석학들 중에 역사나 철학(인문학)을 외면하고 자신의 연구 분야에만 매달리는 사람들은 별로 없다."

미네소타 대학 의대 교수이자 한국과학기술원 외부협력 교수인 김대식 교수가 저서 〈공부혁명〉에서 한 말이다. 이 말은 우리가 왜 인문학 독서를 해야 하는지를 분명하게 말해 준다. 우리가 어떤 분야의 일을 하더라도 인문학 독서는 모든 분야의 뿌리가 되고, 토대가 되어 준다. 나무가 잘 자라기 위해서는 반드시 뿌리가 땅속 깊이 뻗어 있어야 하고, 토양에 좋은 영양분이 많아야 한다.

인문학 독서는 바로 이러한 역할을 한다. 우리가 각자 다른 분야에서 큰 성과를 거둔다는 것은 결국 우리가 맺는 열매의 모양이나 이름이 다를 뿐인 것과 같다. 모든 나무로 하여금 열매를 맺도록 해주는 근본은 뿌리와 토양의 풍성함에 있듯, 인문학의 역할이 중요하다. 천재 음악가들이나 천재 과학자들에게도 대부분 인문학 독서를 지나치게 많이 한다는 공통점이 있는데, 대표적인 사례가 20세기의 천재 과학자 아인슈타인이다.

그가 인문학 독서를 하지 않았다면 위대한 과학자가 될 수 없었을 것이라고 감히 말해도 무리가 아닐 정도로 그는 인문학 독서를 통해 성공한 사람 중 한 명이다.

> "나는 맥주 대신 칸트의 〈순수이성비판〉에 취하겠다."
>
> **_아서 I 밀러, 〈아인슈타인, 피카소〉, 319쪽**

위대한 과학자인 아인슈타인이 열네 살에 칸트를 만나서 인문학 독서에 몰두하였고, 열일곱 살에는 이런 맹세까지 할 정도의 인문학 독서광이었다는 사실을 우리는 알아야 한다.

사실 그는 잘 알려져 있듯이, 학창 시절 때는 엄청난 둔재였다. 그는 학교를 잘 다니지 못 할 정도로 지진아에 속하는 학생이었고, 심지어 퇴학당한 적도 있다. 대학 입학시험에는 주위의 기대에 부응하여 당연히 떨어졌고, 여러 번 시도 후에 겨우 들어갔지만, 형편없는 학점과 졸업논문이 이력이 되었고, 생계를 위해 여러 일자리를 전전해야 하는 인물이었다.

하지만 그는 칸트, 아리스토텔레스의 책들을 읽고, 토론하며 인문학 독서에 빠져 십대와 이십대를 보냈다. 그러고 나서 그는 위대한 과학자로 탈바꿈되었다. 물론 그가 위대한 과학자가 되는 데 인문학 독서가 100% 기여했다고 말할 수는 없지만, 만약에 그가 인문학 독서를 이렇게까지 열심히 하지 않았다면, 그가 지금 우리가 아는 그런 위대한 과학자가 되지 못했을 거라는 사실은 확실하다.

그렇다면 왜 인문학 독서를 하면 이렇게 상상도 하지 못할 큰 영향을 받고, 위대한 인물로 도약할 수 있는 것일까? 설사 이렇게까지 도약하지는 않더라도, 다양한 분야에서 최고가 되는 데 왜 인문학 독서는 토양과 뿌리가 되어 주는 것일까?

그 이유는 인문학 독서가 가진 몇 가지 공통점에 있다. 또, 그것은 인문학 독서를 우리가 해야 하는, 어떻게 보면 성공하고, 대가가 되고, 최고가 되기 위한 것들보다 더 근본적인 이유라고 할 수 있다.

보자. 자본주의가 인문학에서 나왔기 때문에, 돈의 흐름을 잘 파악해서 돈을 많이 벌기 위해서거나, 자신의 분야에서 최고가 되기 위해서 인문학 독서를 해야 한다고 주장하는 사람들도 많다. 하지만 그것은 껍데기만 본 것이고, 결과나 부산물만 본 것에 불과하다.

인문학 독서는 인간을 인간답게 만들고, 지혜롭게 만들고, 최상의 삶을 살아가게 만들고, 강하게 만들고, 많은 중용의 덕을 갖추게 만들고, 보다 나은 이상적인 사회를 함께 만들어 가게 만든다. 그런 점에서 우리는 인문학 독서를 해야 하는 근본적인 이유, 본질적인 이유를 알 필요가 있다.

인문학 독서를 해야 하는 근본적인 이유는 정말 너무나 많다. 그중 여러 학자들이 제시하는 얘기들을 살펴보고, 다양한 생각들을 종합해 보면 몇 가지 큰 줄기, 공통점을 발견할 수 있다.

첫 번째 공통점은 인생을 주도적으로 살고, 주인으로 살아가기 위해서는 자기 자신만의 사유 체계가 필요한데, 그것을 확보하기 위해서 인문학적 독서가 반드시 필요하다고 말하는 점이다.

독자적인 사유 체계는 경영서나 실용서, 교과서를 통해 절대로 확립할 수 없다. 인문학적 마인드가 담긴 인문학적 독서를 통해서만 자신만의 독자적인 사유 체계를 만들어 나갈 수 있다.

우리가 독자적인 생각을 해야 하는 이유는 우리만의 생각을 하지 않을 경우, 타인의 인생과 그저 비슷한 인생을 살아갈 가능성이 크기 때문이다. '생각한 대로 살지 않으면 사는 대로 생각하게 될 것'이라는 폴 발레리(Paul Valery)의 시구는 이런 점에서 매우 의미심장한 말이 아닐 수 없다. 하지만 이것보다 더 의미심장한 말이 있다.

"독자적인 생각을 하지 않고 사는 사람은 자신의 인생을 살아내지 못한다."

바로 이것이 우리가 인문학적 독서를 해야 하는 이유다. 자신의 삶의 주인으로 살아가는 삶은 사실상 돈을 많이 벌고, 성공하고, 대가가 되는 것보다도 더 중요하고 본질적인 요소라는 점을 생각해 볼 때, 인문학 독서를 해야 할 근본적인 이유가 생긴다.

두 번째 공통점은 인간은 불완전한 존재이고 유한한 존재라는 점에서 동일한 감정과 감성을 공유하는 존재인데, 그러한 동일한 감정과 감성을 공유하기 위해서 인문학적 독서가 반드시 필요하다는 것이다. 이것은 우리가 사회적 동물로서 함께 잘 살아가기 위한, 즉 아리스토텔레스가 말한 개인적 차원인 도덕이 아니라 사회적 차원인 윤리학과 연관된 이유라고 말할 수 있다.

"왜 고전을 읽어야 하느냐, 오늘날 기술은 과거와 비교하면 엄청나게 발달했고, 사회관계도 현대화됐고, 복잡해졌고, 자본화되었습니다. 그렇다면, 기술환경이나 사회관계가 완전히 달라진 지금 시점에서 왜 옛날 책을 읽어야 하는가의 질문에 대한 중요한 답변이 있습니다.

아무리 사회가 달라져도, 인간에게는 바뀌지 않는 경험의 조건들이 있습니다. 예를 들어 인간은 언제 어디서 살든 유한성의 경험을 피할 수 없습니다. 인간은 죽는 존재입니다. 한계가 많습니다. 무한히 살 수도 없고, 능력이 무한할 수도 없습니다.

길가메시 서사시는 대략 4,500년 전에 씌어졌습니다. 그 서사시의 주제 가운데 하나가 인간은 왜 죽는가, 영원히 살 길은 없는가 하는 겁니다. 길가메시 왕은 죽어서 바닥에 쓰러져 있는 친구 앞에서 눈물을 흘리고 탄식하며 묻습니다. 오, 친구여, 나도 너처럼 죽어서 영원히 일어설 수 없단 말인가…. 이러한 유한성의 경험은 시대를 초월합니다.

또한, 인간에게는 좌절과 고통의 경험이 있습니다. … 셰익스피어는 400여 년 전에 태어난 시인입니다. 그런데 〈로미오와 줄리엣〉을 보면 요즘 텔레비전 연속극의 주제 그대로입니다. 원하지 않는 남자와 결혼하게 될 줄리엣은 엄마한테 하소연하는 대목에서 하늘에 대고 절규합니다. '저 구름 위에는 지금 내 슬픔의 바닥을 들여다봐 줄 아무런 동정의 눈길도 없단 말인가….' … 이런 좌절과 고통의 경험은 수천 년 전이나 지금이나 우리가 벗어날 수 없는 조건입니다.

인생에 반전이 필요하다면 인문학 독서가 답이다

또 있습니다. 양심의 경험이라는 게 있습니다. 뭔가 잘못해 놓고 벌벌 떠는 경험 있잖아요. 그리고 고민합니다. '이렇게 하는 것이 옳은 것일까, 저렇게 하는 것이 옳은 것일까…' 이처럼 양심의 경험을 하게 하는 삶의 조건도 예나 지금이나 다름없습니다.

고전은 인간의 경험이 종속되었던 이런 근본적인 조건들에 대한 인간의 반응을 기록해 놓았습니다. 그런 반응은 시대에 속박되지 않아요. 시간적 거리와 상관없이 여전히 우리 가슴을 칩니다."

_ <인문학 콘서트> '왜 책이어야 하는가?' 중, 311~314쪽

우리가 살아가면서 겪는 경험은 제한적이지만, 인문학 독서를 통해 얻는 더욱더 폭넓은 타인들의 경험을 통해 우리는 타인을 이해하고, 공감하고, 사랑할 수 있게 된다. 타인에 대한 공감은 보다 더 나은 사회를 만들어가고, 살아가기 위해서 무엇보다 중요한 것이라고 할 수 있다.

혼자 돈을 많이 벌고, 성공해서 대가가 되는 것이 겨우 인문학 독서를 해야 하는 알량한 이유라면 나는 인문학 독서를 하지 않을 것이다. 인문학 독서를 해야 하는 이유는 자기 자신을 위해서만이 아니라 보다 나은 사회와 국가를 건립하는 방법이 무엇인지, 어떤 일을 왜 해야 하는지, 무엇이 옳은 일인지, 어떤 선택이 너와 나, 우리를 위해서 가장 최선인지 등과 같은 의문을 던지게 하고, 스스로 해답을 찾을 수 있게 해주기 때문이다.

이러한 근본적인 질문에 대한 성찰과 사색을 하도록 다양한 기회를 제공해 주는 것이 바로 인문학 독서다.

세 번째 공통점은 우리가 살아가는 이 세상과 사회를 꿰뚫어 볼 수 있는 통찰력은 우리가 무엇을 하며 살든, 혹은 아무것도 하지 않으며 살더라도 좀 더 나은 가치와 의미를 부여하기 위해서 반드시 필요한데, 이러한 통찰력을 길러 주는 것이 바로 인문학 독서라는 점이다.

대부분의 사람들은 신문과 뉴스를 하루도 빠지지 않고 30분에서 한 시간 정도 읽고 본다. 이 하루에 30분은 아마도 최소의 시간일 것이다. 어떤 사람들은 아침부터 뉴스와 신문을 보고, 낮에도 보고, 저녁에도 본다. 하루 평균 몇 시간은 충분이 넘는 시간이다. 어떤 40대 혹은 50대의 사람은 하루도 빠지지 않고 몇 시간씩 신문과 뉴스를 보면서 세상 돌아가는 현상과 시대의 변화를 읽고 또 읽는다.

문제는 이렇게 몇 십 년 동안, 평생을 신문과 뉴스를 보고 또 보지만 세상이 돌아가는 이치와 사회 현상의 본질을 꿰뚫어 보는 통찰력은 부재하다는 것이다. 그 이유가 무엇일까? 그것은 바로 신문과 뉴스는 세상사의 본질에 대한 보도가 아니라 피상적인 현상과 결과에 대한 보도에 그치기 때문이다.

무엇보다 신문과 뉴스를 본 사람들은 그 내용을 토대로 하여 사유의 세계로 빠져들지 않는 다. 그냥 듣고 지식이나 정보로 기억할 뿐 세상의 이치에 대해 통찰해 보려고 하지 않는다. 하지만 인문학 독서를 꾸준히 해온 사람들은 사회와 세상에 대한 본질을 꿰뚫어 볼 수 있고, 통찰할 수 있는 힘을 기른다.

실용서는 지식과 정보를 주지만, 인문학 도서는 이 세상에 없는 지식과 정보, 지혜를 스스로 만들어 내는 방법을 제공해 준다. 신문과 뉴스는 세상이 돌아가는 피상적인 모습만을 보여 주지만, 인문학 도서는 세상이 돌아가는 원리와 알맹이를 보여 준다. 그래서 실용서와 같은 일반 도서들은 지금 당장의 필요를 돕지만, 인문학 도서는 평생 필요한 책들이다.

실용서는 작가들이 고기를 잡아서 대신 전달해 주지만, 인문학 도서는 작가들이 절대로 고기를 전달해 주지 않는다. 다만 평생 동안 고기를 잡을 수 있는 방법을 알려 준다. 신문과 뉴스는 눈에 보이는 세상사를 알려 주지만, 인문학 도서는 눈에 보이지 않는 세상사를 알려 준다.

쿠바 태생의 이탈리아 소설가 이탈로 칼비노(Italo Calvino)는 자신의 에세이집 〈왜 고전을 읽는가〉라는 책을 통해 고전에 대한 여러 가지 정의를 말한 적이 있다. 그가 말한 정의 중에 아주 마음에 드는 것 중 이런 것이 있다.

"고전이란 고대 전통 사회의 부적처럼 우주 전체를 드러내는 모든 책에 붙이는 이름이다."

"고전이란 우리와 무관하게 존재할 수 없으며, 그 작품과 맺는 관계 안에서, 마침내는 그 작품과 대결하는 관계 안에서 우리가 스스로를 규정할 수 있도록 도와주는 책이다."

그의 표현을 토대로 하여 우리가 인문학 독서를 해야 하는 추가적인 이유를 살펴보면, 첫째는 우주 전체를 드러내는 책을 통해 우주와 세상을 잘 보기 위해서이고, 둘째는 작품을 통해 우리가 스스로를 규정할 수 있게 되기 위해서이다.

인문학을 구성하는 세 가지 기둥!

"인문학을 대표하는 문학·역사·철학 등은 앎의 대상이 물리적 혹은 물리적 현상으로 보여진 현상이 아니라 기호 혹은 기호적으로 보여진 현상이라는 점에서 동일하다. 학문으로서의 문학의 대상은 문자적 기호로서의 문학 작품이고, 역사학의 대상은 문자적 기호로서의 역사적 기록 혹은 기호로 볼 수 있는 역사적 유물·유적이다. 또한 철학의 대상은 문자적 기호로서의 철학 텍스트 혹은 기호로 볼 수 있는 철학적 사유 활동이다. 기호는 해석의 대상이며 해석은 언제나 의미의 해석이다. 그러므로 기호를 앎의 대상으로 하는 인문학은 지각할 수 있는 기호 안에서 비지각적인 의미를 찾아내고 해석을 해석하는 학문, 즉 일종의 기호학이다."

_ 박이문, <통합의 인문학>, 20쪽

인문학을 구성하는 세 가지 기둥은 너무나 잘 알려진 대로 문학, 사학, 철학이다. 이것을 한마디로 줄여서 '문·사·철'이라고 간편하게 부르기도 한다.

문학을 체험을 바탕으로 상상력이 만들어낸 허구(虛構)라고 한다면, 사학은 인류의 장구한 삶의 기록이다. 즉, 사실을 바탕으로 주관적인 해석과 서술을 가미한 진실(眞實)에 대한 학문이다. 그리고 철학은 사유를 바탕으로 인간과 세상에 대한 근본적이고 의미 있는 질문들을 던지고, 그 답을 찾아가는 탐구(探究)에 대한 학문이다.

인문학은 허구와 진실, 탐구로 대변되는 문학과 역사와 철학으로 대변된다. 그리고 이 세 가지는 모두 상상력의 산물이라는 공통점을 가진다. 상상력이 부재한 인간은 그 어떤 문학 작품도 만들어 내지 못하고, 그 어떤 역사관도 가지지 못하기 때문에 제대로 된 역사서를 집필할 수 없다. 그리고 그 어떤 것도 상상하지 못하는 사람은 그 어떤 질문도, 해답도 생각해 내지 못하기 때문에 철학도 할 수 없다.

문학은 작가의 상상력에서, 역사는 인류의 삶에서, 철학은 철학자의 사유에서 비롯되지만, 그 세 가지 모두 언어라는 동일한 기호 혹은 텍스트를 통해 보이지 않는 의미를 공유하고, 찾아내고, 해석하는 것이며, 그런 점에서 기호학이라고 할 수 있다.

문학 작품을 통해 우리는 인간과 사회와 세계에 대해 더 많이 알아갈 수 있고, 해석할 수 있다. 그리고 더 많은 것을 경험하고 생각하고 느낄 수 있다. 결국 우리의 시야를 넓혀 주는 것이다. 역사를 통해 우리는 시간의 축을 기준으로 인류의 삶의 변화를 살펴볼 수 있고, 그러한 변화를 통해 인간의 의식과 삶의 의미와 인생에 대해 배우고 발견하고 탐구할 수 있다. 결국 우리의 삶을 더 풍성하게 가꾸는 것이다. 철학을 통해 우리는 인간에 관한 가장 근본적인 질문에 접근할 수 있고, 그것은 가장 심도 있고, 투명하고 포괄적인 동시에 체계적인 인간 정신의 정수를 맛보게 한다. 결국 우리의 사유와 의식과 인식은 한 단계 혹은 두 단계 더 확장되고 높아진다.

이 세 가지 기둥을 통해 인간은 인간으로서의 삶이 어떤 것인지를 깨우치고, 삶을 풍성하게, 올바르게, 현명하게 살아갈 수 있게 된다. 그런 점에서 이 세 가지 기둥은 인간을 인간답게 만들어 주는 토대와 밑거름이라고 할 수 있다.

인문학이 처음부터 '문·사·철'의 세 가지 기둥으로 구성되어 있었던 것은 아니다. 기원전 4세기경 그리스에서는 사람을 사람 되게 하는 학문이라 하여, 문법, 수사학, 변증론, 산수, 기하, 음악, 천문학 등이 모두 인문학에 포함되어 있었다. 이때는 이것을 인문학이라고 하지 않고, 교양학과(Liberal arts, 敎養學科)라고 불렀고, 이 당시에는 전인교육을 위한 필수적인 과목이었다.

19세기가 되어 과학이 발전하고, 산업이 발전하면서 그전에는 존재하지 않았던 새로운 학문이 쏙쏙 생겨나고 세분화되기 시작했다. 그 과정에서 과학은 눈부시게 발전했고, 세상은 몰라볼 정도로 복잡해졌고, 발전해 나갔다. 그 과정에서 사람들은 과학이 진정한 학문이며, 인문학은 공허한 말만 늘어놓는 비실용적인 학문이라고 생각하게 되었고, 과학이 아닌 것은 학문이 아니라는 인식까지 하게 되었다. 그렇다 보니, 인문학에 속한 사회학이나 심리학, 정치학 같은 학문과 관계된 사람들이 자신 학문의 생존과 명예를 위해 들고 일어나게 되었던 것이다.

"우리는 통계와 조사 같은 과학적 방법을 사용하는 떳떳한 학문이다."

결국 이러한 학문들은 사회과학이라는 이름으로 불명예스러운 인문학에서 벗어나는 데 성공했다. 그리고 결국 끝까지 인문학으로 남은 것이 '문학, 사학, 철학'이었던 것이다.

분명한 사실은 인문학은 과학이 아니라는 것이다. 조금이라도 과학과 연관이 된 학문은 무조건 과학이란 이름으로 인문학에서 탈출을 시도한다. 사회과학, 자연과학이 모두 그러한 예다.

하지만 그렇다고 인문학과 비인문학을 완전히 배제시켜서 생각해야할 필요는 없다. 특히 창조적인 분야는 말할 것도 없지만, 그러한 분야가 아닌 일반적인 모든 분야에서도 인문학과 비인문학을 이분법으로 나누는 것은 바람직하지 못하다.

오히려 인문학과 과학이 만났을 때 더 놀라운 결과가 창출된다는 것을 보여 준 스티브 잡스 같은 사람을 우리는 잘 기억한다. 애플의 아이폰이 인류에게 스마트폰 혁명을 가져다 준 혁신적인 제품으로 영원히 기억되는 이유는 IT라는 첨단 과학에 인문학이 녹아 들어가 있기 때문이다.

인문학 독서는 쌍방향 통행이어야 한다

로마의 정치사상가인 키케로(Cicero)의 표현에 따르자면, 인문학은 '인간에 관한 연구학(Studia Humanitas)'이다. 인문학의 본질은 인간에 대한 연구를 통해 인간과 인간이 사는 사회를 보다 풍요롭고 다채롭게 해주는 것이다.

인문학이 없었다면, 우리는 저녁에 TV 앞에 앉아서 드라마를 보는 달콤한 시간마저 사라져 버린 삭막한 세상에서 살아야 하며, 그 어떤 오페라나 연극도, 영화도 존재하지 않는 무미건조한 세상에서 살아야 했을 것이다.

그런 점에서 인문학은 과학보다도 더 인간적이며, 인간에 관한 것이며, 인간을 위한 것이다. 인문학의 본질은 인간학이라고 말할 수 있다. 인문학은 인간의 언어, 문학, 예술, 철학, 역사 따위를 연구하는 학문이다. 그런데 인간의 언어, 문학, 예술, 철학, 역사의 토대가 되는 것은 바로 인간, 그 자체이다. 즉, 이러한 것들의 주체가 인간이기 때문에 인간의 본질에 대한 학문인 인간학이 인문학의 근원적인 성격을 가지고 있다고 말해도 된다는 것이다.

바로 이런 이유에서 인문학 독서를 통해 인간의 본질을 알고, 수많은 인간의 삶을 접하고, 수많은 현인들의 생각을 읽을 수 있다. 그러한 경험과 지적 흡수와 깨달음은 인간 자신을 이해하고 해방하는 데 큰 도움을 줄 수 있다.

세상에는 수많은 사람이 살고 있고, 과거에는 살았었고, 미래에는 살 것이다. 그리고 그 많은 사람이 산 흔적만큼 이 땅에는 많은 책들이 존재한다. 하지만 완벽한 삶을 살았던 사람이 과연 있을까? 그리고 과연 완벽한 책이란 것이 있을까?

여기서 좀 더 나가면, 과연 지성인이란 것이 있을까? 과연 진정한 철학자란 것은 있었을까? 무엇이 진정한 철학이었을까? 지금 이 시대에는 철학자다운 철학자가 없는 듯 보인다. 내가 살고 있는 이 시대라는 이유만으로 나와 관련된 모든 것들의 가치가 한 단계 하락해 보이는 것은 어쩔 수 없는 일인 듯하다.

우리가 위대한 철학자들이라고 여기는 사람들조차 그들의 삶을 우리가 바로 옆에서 지켜보게 된다면, '도대체 이 사람이 어떻게 그렇게도 위대한 철학자라고 평가받을 수 있었던 것일까?' 라는 의구심과 실망을 하게 될 뿐이라는 사실을 생각하지 않을 수 없다.

남의 떡이 더 커 보이듯, 우리가 만날 수 없는 사람들이 더 위대해 보이고, 그렇게 묘사되는 것은 어쩌면 당연한 일인 듯하다. 하지만 그때나 지금이나 뭔가를 제대로 아는 사람들이 과연 몇이나 될까?

제대로 된 지성은 지식이나 학식을 갖춘다고 가능한 것이 아니다. 제대로 된 지성은 남들이 깨닫지 못한 것들을 스스로 깨닫는 순간에 인간의 이성이 만나는 '해방감'일 것이다.

우리는 누구이며, 왜 살아가야 하는지, 무엇을 알고 있는지 등의 근본적인 질문에 정확하게 답해 줄 수 있는 사람은 과거에도 없었고, 지금도 없고, 미래에도 없을 것이다. 하지만 인문학 독서를 통해 우리는 우리 자신을 옭아매는 이러한 근본적인 질문으로부터 벗어날 수 있다. 그런 점에서 인문학 독서는 우리에게 내적 해방을 경험하게 해준다.

우리가 인문학 독서를 통해 경험하는 내적 해방을 에른스트 슈마허(Ernst Schumacher)도 특별한 방식으로 경험하였다고 자신의 저서인 〈당혹한 이들을 위한 안내서(A Guide for the perplexed)〉란 책에서 밝힌 적이 있다. 그가 경험한 그 체험의 순서가 우리가 인문학 도서를 읽으면서 스스로에게 던지는 질문과 독서를 통해 우리가 얻는 애매모호한 내용, 그리고 그 과정을 통해 얻는 깨달음과 매우 비슷하다는 사실을 우리는 알 수 있다.

"교장 선생이 직접 강의하는 희랍어 신약 성서 일요 학습 시간이었다. 나는 더듬거리는 말버릇을 무릅쓰고 그 우화가 시사하는 뜻이 무엇이냐는 질문을 던졌다. 교장 선생의 애매모호한 답변을 듣고 나는 비로소 어떤 것을 순간적으로 깨닫는 경험을 했다.

즉 나는 갑자기 사람들이 '아무것도 모르고 있다'는 사실을 깨달았던 것이다. … 그리고 그 순간부터 나는 자신을 위해 생각하기 시작했다. 아니, 그보다도 오히려 생각할 수 있다는 사실을 깨달았던 것이다. … 그가 아무것도 모르고 있다는 사실 ─참으로 중요한 것은 아무것도 모른다는 사실을 알게 됨으로써 나는 어떤 내적 계시를 느끼는 듯하였다─ 은 나에게 처음으로 외적인 생활 압력으로부터 내적 해방을 경험하게 했다."

_ 에른스트 슈마허, <당혹한 이들을 위한 안내서>

우리는 슈마허가 교장 선생님의 강의를 듣다가 그에게 질문을 던진 것처럼 인문학 책을 읽다가 의문을 품고, 그 책에 질문을 던진다. 그 결과 교장 선생님이 슈마허에게 해준 그 애매모호한 답변과 같은 정답이 아닌 답변을 읽게 된다. 그리고 그런 과정이 반복되면서 우리는 새로운 사실을 깨닫는다.

그런 과정들이 바로 인문학 독서를 통해 스스로 각성하며, 자기 자신을 내적 해방의 세계로 이끌어 가는 과정들인 것이다. 인생을 살다보면 우리들은 모두 당혹감을 느낄 때가 너무나 많다. 왜 살아가는지? 무엇을 위해 살아야 하는지? 지금 내가 가고 있는 이 길이 올바른 길인지? 지금 내가 하는 이 행동과 선택은 올바른 것인지? 도대체 무엇이 잘 살아가는 것인지?

이러한 꼬리에 꼬리를 무는 의문을 품는다. 바로 이때 우리에게 내적 해방을 주는 경험을 허락하는 유일한 행위는 슈마허가 했듯 교장 선생님에게 질문을 던지는 것이다. 질문을 던지기위해서는 먼저 그 강의를 들어야 한다. 우리에게는 인문학 도서를 읽는 행위가 바로 교장 선생님에게 강의를 듣는 행위이면서 동시에 질문을 던지는 행위인 것이다.

그런 점에서 올바른 인문학 책 읽기는 일방통행이 아닌 쌍방향 통행이어야 한다.

"인간은 자유롭게 태어났다. 그런데 도처에서 속박당하고 있다. 사람들은 자신이 다른 사람을 통제한다고 생각한다. 그러면서 실제로는 그들보다 더 노예가 되어 있다."

장 자크 루소(Jean Jacques Rousseau)의 이 말을 곰곰이 생각해 보라. 우리는 인간답게 살아가고 있는가?

일찍이 소크라테스는 인문학(Humanities)을 동물 상태의 본능적인 인간(Man)을 인격과 교양을 갖춘 인간다운 인간(Human)으로 만들어주는 학문이라고 정의 내렸다. 그리고 그의 정의에 따르면 사람답게 사는 길을 발견하고, 사람답게 살기 위해서는, 인간다운 인간이 되기 위해서는, 인문학을 해야 한다는 결론에 도달할 수 있다.

현대 문명을 이룩한 두 축, 인문학과 과학!

　인문학은 절대 과학이 될 수 없다. 그런 점에서 과학과 인문학은 쌍극이다. 마치 쌍두마차를 이끌고 가는 두 마리의 말처럼 서로 만날 수는 없지만 영원히 함께 가야 하는 그런 운명이다.

　과학은 자연현상을 주제로 하는 학문이다. 하지만 인문학은 자연현상이 아닌 문화현상을 주제로 하는 학문이다. 자연현상의 주인공이 자연이라면, 문화현상의 주인공은 인간이다. 그래서 인문학은 인간학이라고 말해도 큰 무리가 없다.

　재미있는 사실은 현대 문명을 이룩한 것은 과학도 아니고, 인문학도 아니라는 것이다. 이 두 가지가 적절하게 잘 맞물려 돌아갈 때 문명은 찬란한 빛을 발하며 발전했다.

<인문학과 기술의 교차로(스티브 잡스)>

　　　　　인생에 반전이 필요하다면 인문학 독서가 답이다

아이패드가 이 세상에 처음으로 공개되었을 때, 애플의 스티브 잡스는 직접 환상적인 프레젠테이션을 했다. 그는 자신의 트레이드마크이기도 한 청바지와 검은색 옷을 입고 나와 애플과 아이패드에 대해 설명했다. 그런데 그의 모습 뒤로 묘한 의미의 사진이 하나 비쳐졌다.

그것은 우리가 길거리에서 흔히 볼 수 있는 교차로 안내판이었다. 그런데 그 안내판에 쓰인 두 개의 도로 이름이 놀랍게도 기술과 인문학을 의미하는 'TECHNOLOGY'와 'LIBERAL ARTS'였다.

여기서 논란이 되는 것 중 하나는 'Liberal Arts'에 대한 정확한 의미이다. 인문학은 'Humanities'라는 용어를 사용하기 때문에, 이때 사용된 'Liberal Arts', 즉 스티브 잡스가 내세운 이 말이 인문학을 의미하지 않는다고 딴죽을 거는 사람이 적지 않다.

하지만 그것은 무지의 소산에서 비롯된 말이다. 'Humanities'라는 오늘날 우리가 인문학이라고 부르는 용어는 앞에서도 얘기한 바 있듯이, 로마의 정치사상가인 키케로가 '인간에 관한 연구학'으로 교육 과목을 작성하면서 원칙으로 삼은 '휴마니타스(Humanitas: humanity 또는 humaneness)에서 발생하였다.

'인간의 본성'이라는 라틴어 '휴마니타스(Humanitas)'는 기원전 55년 키케로가 쓴 〈웅변가에 관하여(Oratore)〉라는 책에서 처음으로 사용되었던 말이다. 그리고 그 후에 겔리우스(A. Gellius)가 이 용어를 일반 교양교육(General and Liberal Education)의 의미와 동일시하여 사용하였다. 결국 'Liberal Arts'는 인문학을 의미하는 전인교육을 위한 필수적인 과목인 교양 과목을 의미하기 때문에 인문학이라고 해석하는 사람들이 적지 않고, 그것이 틀렸다고만은 할 수 없다.

그리고 더 중요한 것은 스티브 잡스의 입에서 나온 사진에 대한 설명이다.

"인문학과 기술의 교차로입니다. 애플은 언제나 이 둘이 만나는 지점에 존재해 왔지요. 우리가 아이패드를 만든 것은 애플이 항상 기술과 인문학의 갈림길에서 고민해 왔기 때문입니다. 그동안 사람들은 기술을 따라잡으려 애썼지만 사실은 반대로 기술이 사람을 찾아와야 합니다."

놀랍게도 세계 최고의 혁신가의 입에서 인문학이 없어서는 안 되는 학문이라는 주장이 나온 것이다. 그리고 그의 주장이 잘못된 말이 아님을 모두가 서서히 깨닫기 시작하면서 인문학 열풍이 다시 불었던 것이다.

결국 이 세상의 학문은 크게 두 가지로 나눌 수 있다. 인문학과 과학이다. 그리고 과학은 다시 자연과학과 사회과학으로 나눌 수 있다. 인문학은 인간에 관련된 순수한 학문이고, 자연과학과 사회과학은 자연 현상과 사회 현상을 과학적인 방법을 사용하여 탐구하는 과학적 학문이다.

결국 인류의 문명은 이 두 학문이 이끌어 나갔던 것이라고 말할 수 있다. 살아 있는 컴퓨터의 역사라고 할 수 있는 빌 게이츠(Bill Gates) 역시 이런 말을 했다.

"인문학 없이는 나도 컴퓨터도 있을 수 없다."

스티브 잡스가 마이크로소프트에는 낭만이 없는 것이 가장 큰 문제라고 비난한 적이 있지만 빌 게이츠 역시 인문학 독서를 많이 한 인물 중의 한 명이다. 빌 게이츠가 책을 많이 읽는 독서광이라는 사실을 모르는 사람은 이 세상에 한 명도 없을 것이다.

책冊,
인문학을 탐하다
고전古典 독서법

—

"당신은 책이라는 것을 좋아하지 않을지도 모른다.
그런 당신은 분명히 부질없는 야심과 쾌락에만 몰두하고 있을 것이다.
그러나 세상은 당신이 생각하는 것보다 훨씬 광범위한데,
그 세계가 책에 의해 움직이고 있다는 것을 알아야 한다."

_ 볼테르

—

제3장

문학을
탐하다

"문학은 정서적 언어로 표현된 예술이다.
우리는 문학을 창작이라고 한다.
문학이 창작이기 때문에 그것은 창의력과 상상력의
산물이라고 할 수 있다.
따라서 문학은 주관적인 것이고 가장(假裝)적인 것이라고 할 수 있다.
그러나 문학은 무(無)의 상태에서 만들어낸 신비적인 것이 아니고,
체험에서 나온 것이요 체험을 바탕으로 만들어낸 세계라고 할 수 있다.
나아가서 문학은 독자에게 즐거움을 주고, 우리에게 무엇인가를 느끼게 하고,
생각하게 하며, 지적으로 교화하고, 도덕적으로 순화한다."

_ 박영식, 〈인문학 강의〉, 19쪽

문학 작품은 읽을 가치가 없다?

"책이 없다면 신도 침묵을 지키고, 정의는 잠자며, 자연과학은 정지되고, 철학도 문학도 말이 없을 것이다."

토마스 바트린(Thomas Bartholin)의 이 말은 정확하다. 문학 작품은 결국 창작이다. 그렇기 때문에 상상력으로 허구를 아무리 만들어낸다 해도 그것을 펼쳐 놓아서, 여러 사람에게 전해 줄 수 있는 도구, 즉 책이 없다면 존재 자체가 불가능하다.

대부분의 문학 작품이 무에서 만들어졌던, 체험을 바탕으로 해서 만들어졌던 결국에는 책이라는 형태를 통해서 이 세상에 탄생한다. 그러므로 책이 없다면 문학도 없는 것이다.

책은 언어의 집합이다. 그런 점에서 문학 작품은 궁극적으로는 언어로 표현한 창작이다. 그래서 책이 없다면 문학 역시도 없다. 또한, 문학이 없다면 결국 인류가 오랜 시간 축적하고 쌓여온 상상력을 만날 길도 없게 된다.

이렇게 되면 책이 없는 세상이란 결코 작은 일이 아니다. 처음부터 다시 시작해야 하는 것이기 때문이다. 인류 문명이 발달할 수 있었던 이유는 선조들의 발전된 사상과 기술이 계속해서 사라지지 않고 기록

인생에 반전이 필요하다면 인문학 독서가 답이다

되고 전해져 오면서 후손들이 늘 선조들보다 조금 더 높은 출발선에서 문명의 첫 페이지를 시작할 수 있었기 때문이다.

즉, 책이 있음으로 전적으로 이러한 것들이 가능하였다. 문학의 측면에서도 책 자체가 없다면 그 어떤 문학도 온전하게 전해지기 힘들었을 것이라고 생각하는 것도 무리가 아니다.

이런 점에서 문학 작품은 인간에게 큰 가치와 의미를 부여한다고 할 수 있다. 그렇기 때문에 문학 작품은 읽을 가치가 없다는 사람이 있다면 그 사람은 문학 작품의 진가를 깨닫지 못한 사람임에 틀림없다.

> "간혹 문학 작품에는 인생을 풍요롭게 하는 지혜가 담겨 있다고 거창하게 말하는 사람을 만나곤 한다. 그러나 사실 나는 대부분의 문학 작품에 읽을 가치가 없다고 생각한다. 명작만큼 '인생의 식량'이 되지 않는 것도 드물다. 아니 그보다 좀 더 근원적인 의문으로, 과연 누가 어떤 기준으로 명작을 결정하는지조차 의심스럽다. 실제로 교육부 추천도서라는 것도 어떤 면에서는 오히려 책 읽기 싫어하는 청소년을 대량으로 양산하는 것이 아닌가 하는 생각도 든다."

_ 나루케 마코토, <책, 열권을 동시에 읽어라>, 165쪽

자타가 공인하는 일본 최고의 독서가 중 한 명인 나루케 마코토(成毛眞)는 왜 이렇게 말했을까? 그는 그 이유를 '주위에서 아무리 많은 사람들이 명작이라고 추천해도 정작 내가 감동할 수 없는 작품이라면 명작이라고 할 수 없기 때문'이라고 한다. 책을 읽었을 때의 감동은 누군가가 내 대신 느껴줄 수 있는 것이 아니기 때문이라고 말이다. 그리고 또 다른 이유로 완전히 몰입하지 않을 수 없을 정도로 재미있는 책을 읽어본 경험이 없으면 제대로 된 독서습관을 기르기가 어렵기 때문이라고 한다. 그런데 필자는 이렇게 생각하지 않는다.

최고의 문학 작품의 요소에는 재미와 감동, 그리고 인생을 살아가는 데 필요한 삶의 지혜 같은 것들이 반드시 담겨 있다고 생각하기 때문이다. 그렇기 때문에 그가 주장하는 '문학 작품은 읽을 가치가 없다'는 주장의 근거가 실제로는 문학 작품을 읽어야만 하는 근거가 되는 것이라고 생각한다.

위대한 경영학자인 톰 피터스(Tom Peters)는 자신이 소설을 즐겨 읽는 이유에 대해 자신의 저서인 〈미래를 경영하라〉란 책에서 다음과 같이 말한 적이 있다.

"대부분의 경영학 서적들은 답을 제시한다. 반면에 대부분의 소설들은 '위대한 질문'을 던져준다. 그것이 내가 가르침을 얻기 위해 소설을 즐겨 읽는 이유이다."

문학 작품이 '그깟 소설책'이라고 천대와 멸시를 받기도 하지만, 누군가는 '그깟 소설책'을 통해 '위대한 행위'를 한다. 바로 그것이 문학 작품을 소홀히 대해서는 안 되는 이유이다.

문학 작품의 묘미는 작품 읽기를 통해 독자들이 불꽃같은 에너지와

젊음을 맛보고, 삶의 기쁨이나 위안을 얻고, 마음의 평안이나 삶의 지혜를 얻는 것이다.

문학 작품엔 읽을 가치가 충분하다. 만약에 문학사를 줄줄 꿰는 사람이 있다 해도 위와 같은 에너지와 마음의 평화를 얻지 못한다면 그 사람은 문학 작품을 제대로 읽을 줄 아는 사람이 아닐 것이다. 문학 작품의 묘미는 타인의 삶을 통해 자신의 삶을 발견해 내는 데 있다. 문학 작품을 읽으면 의식적으로 더 성숙하게 자신의 삶을 단단히 부여잡을 수 있다. 타인의 삶을 통해 자신의 삶을 비추는 거울과 같은 역할을 문학 작품이 하기 때문이다.

그런 점에서 문학 작품엔 다중성이 있다. 너무나 다양한 매력을 가진 예술 작품인 것이다.

문학이란 상상력과 언어의 만남이다

문학은 구성하는 가장 중요한 것 중 하나는 언어이다. 그래서 문학을 뜻하는 영어 'Literature'는 라틴어에서 '문자(Letter)'를 뜻하는 'Litera'에서 유래했다.

결국 문학은 글을 읽고 쓰는 것으로 구성되어 있는 언어의 집합체이지만, 어디까지나 인간의 머리에서 만들어 낸 허구이다. 그런 점에서 상상력과 언어라는 두 가지 요소가 합쳐진 창작 작품이 바로 문학이기도 하다.

문학은 인간의 감성에 호소한다. 그래서 인간의 감성에 가장 많이 호소하는 작품일수록 훌륭한 작품이라고 할 수 있다. 셰익스피어의 〈4대 비극〉은 인간의 슬픔과 분노에 잘 호소하는 작품이다. 그래서 인간에게 많은 감동을 주는 작품일수록 많은 사람에게 사랑받는다.

문학은 상상력과 언어의 만남으로 이루어져 있기 때문에 우리에게 다양한 삶의 스토리를 무궁하게 제공해 준다. 그런 점에서 문학은 삶의 도피처가 아닌 탐사에 가깝다.

"또한 우리는 자신과 자신의 일상을 잊고자 책을 읽어서도 안 된다. 이와는 반대로 더 의식적으로, 더 성숙하게 우리의 삶을 단단히 부여잡기 위해 책을 읽어야 한다. 우리가 책으로 향할 때는, 겁에 질린 학생이 호랑이 선생님께 불려가듯 백수건달이 술병을 잡듯 해서는 안 될 것이며, 마치 알프스를 오르는 산악인의 또는 전쟁터에 나가는 군인이 병기고 안으로 들어설 때의 마음가짐을 가져야 하리라. 살 의지를 상실한 도망자로서가 아니라, 굳은 의지를 품고 친구와 조력자들에게 나아가듯이 말이다."

_ 헤르만 헤세, <헤르만 헤세의 독서의 기술>, 11~12쪽

물론 문학 작품을 단지 즐거움이나 재미로 읽기도 한다. 하지만 그러한 삶의 유흥이나 도피를 넘어, 더 한발 나가서, 삶에 대한 탐사로까지 문학을 끌어올릴 수 있다. 그것이 그렇게 힘들거나 어려운 것도 아니다. 소수의 몇몇 천재들만이 할 수 있는 경지의 일이 아니다.

우리가 문학 작품을 읽을 때, 그저 소일거리로 읽지 않고 삶을 좀 더 풍요롭게 하며, 우리의 정신을 확장시키고, 넓고 넓은 타인의 삶과 다른 세상으로 여행을 떠난다는 마음 자세를 갖게 되면, 삶의 도피처에 불과했던 책 읽기가 삶의 탐사가 되는 경험을 할 수 있다.

문학이란 우리의 이야기를 언어를 통해 표현한 것이다. 그렇기 때문에 문학 작품을 읽는다는 것은 당신과 나의 이야기를 읽는 일이며, 그러한 이야기를 통해 우리의 이야기를 발견해 나가는 일이 되는 것이다.

사형 판결을 받고 감옥에 갇혀 있던 소크라테스(Socrates)는 도망칠 것을 권유하는 친구에게 다음과 같이 말했다.

"가치 있는 것은 그냥 사는 것이 아니라 잘 사는 것이네."

그의 말대로 가치 있는 삶이란 부와 명예, 권세를 가지는 삶이 아니라 올바른 삶이며 지혜로운 삶이며 동시에 의미 있는 삶이 아닐까? 그리고 그러한 삶이 바로 잘 사는 삶이 아닐까? 그렇다면 우리가 그렇게 살기 위해 가장 필요한 것은 사고력과 상상력일 것이다.

물론 지식도 중요하다. 하지만 지식보다 더 중요한 것은 상상력이다. 문학이란 바로 우리가 살아가는 데 가장 중요하고 필요한 사고력, 상상력에 의해 만들어진 창작품이라는 점에서 가까이 해야 할 분명한 이유가 있다.

인간! 그 이상한 존재?

_ 소포클레스 <오이디푸스 왕>, <안티고네>

"나는 문학, 그것도 위대한 문학은 '애도'의 표현이라고 생각한다. 그리스 비극은 이의 전범(典範)이다. 나는 현재를 위해 죽은 자들로 하여금 죽은 자들 스스로를 매장하도록 하라는, 현재를 위해 과거를 망각하라는 니체와 마르크스의 입장에는 동조하지 않는다."

〈그리스 비극〉의 저자인 임철규 박사는 그리스 비극을 위대한 문학의 본보기가 될 만한 전형적인 모범 사례라고 자신의 책을 통해 말한 적이 있다. 문학에 대해 이야기할 때 그리스 비극을 이야기하지 않을 수 없는 이유가 바로 이것이다.

고대 그리스 3대 비극 시인의 한 사람인 소포클레스(Sophocles)는 120편 이상의 작품을 쓴 다작가이기도 했다. 그런데 그의 작품을 여기서 언급하는 이유는 우리가 정말 알아야 할 서양 고전 중에 하나가 바로 이 작품이라고 생각하기 때문이다. 물론 이미 그리스 비극은 최고의 문학 작품이라 일컬어진다. 아리스토텔레스(Aristoteles)는 시적 효과 면에서 비극이 서사시보다 더 우수한 예술 형식이라고 〈시학(詩學)〉에서 주장한 바 있는데, 그것은 비극이 서사시가 가지고 있는 플롯, 성격, 사상 등과 같은 요소 외에도 음악과 같은 요소가 더 추가되어 더 생생하고, 더 큰 쾌감을 선사해 주기 때문이다. 그는 또한 비극에 대해 다음과 같이 정의 내리기도 했다.

"비극은 가치 있거나 진지하고 일정한 길이를 가지고 있는 완결된 행동의 모방이다. 쾌적한 장식을 한 언어를 사용하고, 각종 장식이 작품의 상이한 여러 부분에 삽입된다. 서술의 형식이 아니라 행동의 형식을 취한다. 또 연민과 공포를 통하여 감정을 정화시키는 효과를 가지고 있다."

고대 그리스인들의 의식을 형성하는 데 큰 영향을 준 것이 호메로스(Homeros)의 〈일리아스〉나 〈오디세이아〉 같은 서사시였다면, 그러한 그리스 정신과 위대한 의식의 구현은 바로 그리스 비극을 통해 이루었다고 할 수 있다.

'과연 우리는 누구이고, 무엇을 위해 살아야 하는 것인지, 가족이 먼저인지, 아니면 국가가 우선인지, 무엇이 올바른 길인지'와 같은 인간에 대한 깊은 성찰과 인간 자신에 대한 탐구, 인간이라는 존재에 대한 깊은 사색을 이끌어 내는 데 그리스 비극보다 더 나은 도구와 재료는 없다는 생각이 들기 때문이다.

특히 소포클레스의 최대 걸작으로 평가받는 〈오이디푸스 왕〉은 아리스토텔레스로부터 '비극의 모든 요건을 갖춘 가장 짜임새 있는 드라마'라는 극찬을 받기도 했다. 앞에서 언급했던 임철규 박사는 이 작품이 전형적인 고전에 속한다고 아래와 같이 말했다.

"인간 정신의 역사는 신과 우주, 그리고 인간을 이해하고 해석하려는 노력의 역사다. 신과 우주 그리고 인간은 어디까지나 문제 가운데 '문제'로서 우리가 대면할 수밖에 없는 하나의 거대한 '텍스트'다. 그들이 하나의 텍스트라면, 인간 정신의 역사는 이에 대한 끊임없는 해석과 해석들이 남긴 '흔적'의 역사, 흔적들의 퇴적이다. 그들은 끊임없는 해석을 요구하고 그 해석의 흔적들을 통해 자신의 텍스트성을 영위한다. 이른바 '고전'이란 이러한 텍스트들의 반열에 오른 작품들에 붙이는 이름이다. 이런 의미에서 소포클레스의 〈오이디푸스 왕〉은 전형적인 고전이다."

_ 임철규, 〈그리스 비극〉, 356쪽

그렇다면 이러한 위대한 작품을 쓴 소포클레스는 과연 어떤 인물이었을까? 먼저 그는 아테네 근처의 콜로노스(Kolonos)에서 태어났고, 부유한 기사(騎士) 계급 출신이었다. 사회적으로 상층 계급에 속했으며, 용모가 뛰어났고, 천부적인 재능을 갖춘 인물이었다.

그는 스물일곱 살 때 처음으로 비극 시인으로 등장하여, 자기보다 서른이나 위인 비극 작가 아이스킬로스(Aeschylos)를 물리쳤다. 그는 작품 구성의 치밀성, 중용성(中庸性), 기교의 뛰어남을 인정받아 그의 작품은 비극의 최고봉으로 평가받았다. 120~130 편의 작품을 남긴 것으로 전해지지만, 애석하게도 현존하는 것은 그중 7편에 불과하다.

그리스 비극을 제대로 읽고 이해하고 감상하기 위해서는 구성에 대해 알아야 한다. 그리스 비극은 프롤로고스(prologos), 등장가(parodo s), 삽화(epeisodion), 정립가(stasimon), 엑소도스(exodos)로 구성된다.

프롤로고스는 드라마의 주제와 상황을 제시하고, 한 장면 또는 여러 장면을 포함할 수 있다. 등장가는 코로스가 등장하면서 부르는 노래이고, 정립가는 코로스가 한곳에 자리 잡고 서서 부르는 노래이다. 엑소도스는 코로스가 나가면서 부르는 노래였지만, 점차 원래의 구성에서 조금씩 변형되고 사라지기도 했다.

이 기초지식을 뒤로하고, 이제 〈오이디푸스 왕〉이라는 비극에 대해 이야기를 풀어 나가 보자.

우리가 왜 그리스 비극 중에서도 〈오이디푸스 왕〉을 읽어야만 할까? 이 그리스 비극을 읽은 자와 읽지 않은 자의 차이는 무엇일까? 그리고 이 비극을 읽은 자들 중에서도 제대로 곱씹어 자기 것으로 승화시킨 자와 그렇지 못하고 수박 겉핥기식으로 읽고 그만둔 자들의 차이는 무엇일까?

그것은 인간 존재의 허상과 삶의 허망함, 인간 존재의 불안정성, 인간실존의 불확실성에 대한 깊은 자각과 성찰을 통해 소포클레스가 작품을 통해 제시하고자 했던 교훈을 얻었느냐 못 얻었느냐의 차이일 것이다.

〈오이디푸스 왕〉의 전체적인 플롯은 짧게 말하면, 스핑크스로부터 테바이를 구한 최고의 영웅이던 오이디푸스가 자신의 존재로 초래된 전염병으로 테바이를 파괴시키는 최악의 존재가 되며, 동시에 그의 추방이나 죽음만이 테바이를 구원할 수 있는 비극적 역할, 일종의 저주

받은 희생양과 같은 역할을 맡은 한 인간의 비극적인 이야기이다.

결국 그 자신이 일종의 '괴물, 수수께끼의 모습을 한 인간, 그리고 그 존재 자체가 수수께끼'가 되고 만 존재의 이야기인 것이다. 그렇다면 왜 오이디푸스(Oedipus)가 수수께끼 같은 존재인 것일까? 그것은 책을 읽어 보면 알겠지만, 그가 누군가의 아들이면서 동시에 남편이기도 하고, 누군가의 형제이면서 아버지이기도 하고, 누군가의 구원자이면서 동시에 파괴자이기도 하기 때문이다.

오이디푸스의 아버지는 라이오스(Laius)였고, 어머니는 이오카스테(Iokaste)였다. 그의 아버지인 라이오스는 오이디푸스의 발을 꽁꽁 묶기 위해 발목에 구멍을 뚫었다. 그 발에 난 상처 때문에 발이 부어올라, 오이디푸스(Oedipus)라는 이름이 생겼다는 말이 있다. 오이도스(oidos)란 '부풀어오르다'라는 뜻이고, 푸스(pous)란 '발'을 의미한다.

오이디푸스의 아버지였던 라이오스는 '아들을 낳으면 그 아이가 자신을 죽이고 어머니인 자신의 아내와 결혼할 것'이라는 신탁의 불길한 예언 때문에 오이디푸스가 태어나자 곧 그를 깊은 산속에 버리고, 그 아이는 우여곡절 끝에 코린토스 왕궁에서 자란다.

한편, 어른이 된 오이디푸스는 자신의 운명을 신탁을 통해 듣고, 멀리 길을 떠난다. 양부모를 친부모라고 알고 있었기 때문에 그들의 곁을 떠나면 자신의 운명을 피할 수 있다고 생각했던 것이다.

그렇게 걷다 한 삼거리에서 어떤 이들과 시비가 붙고, 결국 오이디푸스는 그들을 모두 죽이고 만다. 그렇게 테바이에 도착한 오이디푸스는 스핑크스가 낸 수수께끼의 답을 알아맞힌다. 테바이인들은 오이디푸스를 구원자라고 환대하며, 테바이를 구원한 그에게 그 나라 왕비와 결혼할 수 있는 특권을 주고, 결혼시킨다.

이 왕비가 바로 이오카스테였던 것이다. 그리고 이들 사이에 2명의 아들과 2명의 딸이 태어나고, 그 딸들 중 한 명이 바로 '안티고네'다.

시간은 흘러… 언제부터인가 테바이에는 역병이 창궐하고, 델포이의 신탁은 테바이의 왕이었던 라이오스의 죽음의 원한이 갚아지는 날, 재앙은 멈추게 될 것이라고 말한다. 테바이의 새로운 왕이 된 오이디푸스는 자신의 아버지가 라이오스 왕이었다는 사실과 또한 자신과 길거리에서 시비가 붙어 자신이 죽인 그 사람이 라이오스 왕이었다는 사실, 자신이 결혼한 왕비가 자신의 어머니라는 사실 들을 전혀 몰랐지만, 라이오스 왕의 원한을 갚고, 테바이를 재앙에서 구원하기 위해 범인을 수사하던 과정에서 결국 자신이 범인이었다는 사실을 알게 된다.

결국 수수께끼 같던 인물이었던 오이디푸스의 정체가 드러나고, 충격으로 이오카스테는 목을 매달아 자살하고, 오이디푸스는 여왕의 옷에 달려 있던 브로치로 자신의 두 눈을 파내고 추방을 당한다.

소포클레스는 이 이야기를 통해 '우리 인간이란 과연 어떤 존재인가?', '인생이란 과연 무엇인가?'라는 근본적인 질문을 우리에게 던지면서 동시에 '우리의 인생은 축복도 저주도 아닌 허상'이라는 것을 일깨워 주려고 했던 것인지도 모른다.

헌데 오이디푸스의 비극은 여기서 끝나지 않는다. 그의 딸이면서 동시에 그의 남매이기도 한 '안티고네'로 이야기는 이어지고, 안티고네의 이야기가 바로 고전 〈안티고네〉의 주내용이 되어 또 다른 인간에 대한 깊은 성찰과 근원적인 질문을 우리에게 던져 준다.

과연 '가족이 우선시되어야 하는 것인지? 아니면 국가가 먼저인지?'에 대한 수많은 논란을 불러일으킨 장본인인 비극 〈안티고네〉의 주된 내용은 안티고네의 선택에서 그 비극적 이야기를 시작한다.

오이디푸스가 추방된 후 그의 두 아들들은 테바이의 왕권을 놓고 잘 합의하지 못하고 다투게 되었다. 형인 에테오클레스가 일 년씩 번갈아 가면서 통치하자던 합의를 지키지 않자, 동생 폴뤼네이케스는 군대를 일으켜 전쟁을 하고, 일대일 결투에서 두 형제가 모두 죽자, 크레온이 왕이 된다. 왕이 된 크레온은 군대를 일으킨 폴뤼네이케스에게 국가 반역 행위의 죄를 물어 아무도 장사 지내지 못하도록 명령했다.

그러나 안티고네가 왕의 명령을 어기고, '죽은 자는 누구나 장사 지내주어야 한다'는 신들의 불문율에 따라 장사를 지내고, 결국 크레온에게 잡혀 끌려가게 된다. 안티고네는 가족의 장례를 치러주는 것은 천륜이기에, 국가 질서를 유지하는 근간인 국법보다 우선해야 한다고 주장하고, 결국 크레온은 가차없이 그녀에게 사형을 선고하고 석굴에 가두어 버린다.

안티고네는 어머니가 그렇게 했던 것처럼 자신도 목을 매달아 자살한다. 그리고 그녀의 약혼자이자 크레온의 아들인 하이몬도 역시 결국에는 스스로 목숨을 끊는다. 이런 상황에서 크레온의 아내이자, 하이

몬의 어머니인 에우뤼디케도 절망하여 삶을 더 이어가지 못하고 자살하게 된다.

국가를 지키기 위해 노력했던 크레온은 국가의 질서는 지켰지만, 자신의 가족들은 전부 지키지 못했다. 오이디푸스가 전제군주였으나 동시에 속죄양이 된 것처럼 크레온도 역시 그런 존재가 되었던 것이다.

'인간은 답이 없는 수수께끼와 같은 존재인가? 동시에 괴물 같은 수수께끼와 같은 존재인가?'
소포클레스는 자신의 비극들을 통해 우리에게 말한다.

"인간은 표현할 수 있고, 정의될 수 있을 때만 하나의 존재가 된다."

이러한 말은 또 다른 의문의 수수께끼를 우리에게 제공하며, 이 수수께끼의 의미를 결코 풀 수 없는 존재가 바로 우리 인간은 아닐까 하는 생각을 갖게 한다. 이쯤에서 우리는 다시 〈오이디푸스 왕〉에서 스핑크스가 낸 수수께끼로 돌아가야 할 듯한 필요를 느낀다.

"때로는 두 발로, 때로는 네 발로, 때로는 세 발로 걸어 다니고, 발이 많아질수록 더 약해지는 동물은 무엇일까?"

이 수수께끼의 답이 과연 무엇일까? 오이디푸스(Oi-Dipous)는 분명히 디푸스(dipous, 두 발)이자, 트리푸스(tripous, 세 발)이며, 테트라푸스(tetrapous, 네 발)이기도 하다. 결국 이 수수께끼를 맞힌 오이디푸스! 그 자신이 이 수수께끼의 정확한 정답이기도 하다면, 우리는 여기서 새로운 문제를 제기할 수 있다.

'인간은 누구인가? 그리고 오이디푸스는 누구인가? 그가 자식들과는 같은 어머니를 둔 자, 아버지와는 같은 부인을 둔 자이므로 이것이 수수께끼와 같은 존재가 아니고 무엇이랴?'라고.

이제 소포클레스가 낳은 위대한 문학, 지금까지 동서양의 수많은 문학 작품과 작가들에게 마르지 않는 샘이 되어 준 그 작품의 일부를 감상해 보자.

> "오이디푸스: 목장에서 내 발에 채워진 잔혹한 족쇄를
> 풀어 주고 죽음에서 나를 구해 내어 도로
> 살려준 자, 그 자가 누구든 죽어 없어져라!
> 조금도 고맙지 않은 짓을 했으니까.
> 그때 내가 죽었더라면, 친구들과 나 자신에게
> 이토록 번거로운 짐이 되지는 않았을 것을!"
>
> **(1349~1355행)**

> "오이디푸스: 그대들은 제발 되도록 빨리 나를 나라 밖 어딘가에
> 숨기든지, 죽이든지, 아니면 바다에 던져 버리시오.

그곳이라면 내가 다시는 그대들의 눈에 띄지 않을 테니까.

자, 가까이 다가와 비참한 이 사람을 붙들어 주시오.

두려워하지 말고 내 말 들으시오. 내 고통을 감당할 사람은

세상에 나 말고는 아무도 없을 테니 말이오."

(1410~1415행)

"코로스: 내 조국 테바이 주민들이여. 보시오. 저분이 유명한

수수께끼를 풀고는 더없이 권세가 컸던 오이디푸스요.

어느 시민이 그의 행운을 선망의 눈길로 바라보지 않았던가!

보시오. 그런 그가 얼마나 무서운 불운의 풍파에 휩쓸렸는지!

그러니 항상 생의 마지막 날이 다가오기를 지켜보며 기다리되,

필멸의 인간은 어느 누구도 행복하다고 기리지 마시오.

그가 드디어 고통에서 해방되어 삶의 종말에 이르기 전에는"

(1524~1530행)

_ 소포클레스, <소포클레스 전집: 오이디푸스 왕>

문학 작품을 읽는 세 가지 방법

"책을 한 권 읽으려고 할 때, 읽는 방법이 따로 있어서 상상력, 통찰력과 판단력이라는 뛰어난 자질이 필요하다면 문학이란 매우 복잡한 예술이며, 우리가 평생 제아무리 많은 작품을 읽어도 비평에 조금이나마 기여할 만한 여지가 전혀 없다고 결론지을 수 있다. 우리는 독자로만 남아 있어야 하며, 더불어 비평가이기도 한 희귀한 존재에 속하는 영광을 누리지 못할 것이다. 그런데도 우리에게는 독자로서의 책임감이 있으며 나름대로 중요한 위치도 있다. 우리가 제시하는 기준과 우리가 건네주는 평가는 슬그머니 공기 중으로 널리 퍼져서 작가들이 작품을 쓰면서 호흡하는 환경의 일부가 된다. 그리고 비록 출간되는 작품에는 적용되지 않을지라도 작가들에게 어느 정도의 영향을 미치게 된다."

_ 버지니아 울프, <일반 독자 제2편(Second Common Reader)>, 책 읽는 방법 중

버지니아 울프(Virginia Woolf)의 이 말대로 우리에게는 우리 나름의 책임감이 있고, 그것은 중요하다고 할 수 있다. 우리가 문학 작품을 읽을 줄 아는 것이 중요한 이유가 우리의 올바른 책 읽기가 결국 작가에게 어느 정도의 영향을 미칠 수 있고, 그것이 다시 작가들의 작품에 반영되는 순환의 사이클 속에 독자들이 엄연히 존재하고 있기 때문이다.

특히 문학 작품은 일반서보다도 더욱더 그렇다고 할 수 있다. 어떤 작가의 문학 작품을 읽는 사람들이 적다면, 그 작가는 그다음 작품 창작 활동에 알게 모르게 영향을 받고 위축받을 것이다. 그 결과, 그 작가의 후속작이 나오는 시기와 내용과 질적인 모든 측면에 모두가 큰 기대를 걸 수 없게 될지도 모른다.

하지만 어떤 작가의 문학 작품이 많은 사람들에게 읽히고, 그 책을 읽은 많은 독자들이 다양한 평가를 해준다면, 그 책의 작가는 좀 더 성숙하고, 좀 더 대가적인 면모를 알게 모르게 갖추게 될 것이다. 독자들의 반응을 통해 작가 역시 성장하는 것이고, 그 작가의 작품들 역시 완성도가 높아진다.

이러한 작가와 독자의 순환 사이클의 경우를 제외한다고 하더라도, 독자들은 책을 읽는 과정을 통해 작가와 쌍방향으로 충분히 교감을 나누고 대화를 나눌 수 있다. 그리고 바로 그것이 가능한 독서 방법이 문학 작품을 읽는 좋은 독서법이기도 하다.

문학 작품을 읽을 때는 지식과 정보를 얻기 위해 읽는 재테크, 경영 서적 같은 책들을 읽을 때와는 다른 방법을 취해야 한다. 그것은 수영장에서 수영할 때와 바다 수영을 할 때의 차이와 같다. 똑같은 수영이지만 수영 전의 자세와 수영할 때의 행동 모두 전혀 달라야 한다.

문학 작품을 읽은 때 가장 추천하고 싶은 방법은 마치 저자와 연애하는 것이 아닌가 할 정도로 저자와 저자가 쓴 책의 내용에 빠져들면서 책을 읽는 방법이다. 이것은 우리가 또 다른 문학의 세계로 쉽게 빠져들게 해줄 뿐만 아니라 우리의 상상력과 감성을 극대화시켜 준다. 이런

인생에 반전이 필요하다면 인문학 독서가 답이다

과정을 통해 문학 작품을 읽은 이들과 문학 작품을 전혀 읽지 않은 이들, 문학 작품을 읽었음에도 별다른 풍부한 상상력을 발휘하지 못하는 이들 간의 차이가 생긴다.

지식과 정보를 제공해 주는 비문학 도서를 연애하듯 읽는 사람들은 없을 것이다. 하지만 문학 작품만큼은 최소한 연애하면서 연애편지를 주고받는 상황처럼 생각하고 읽어야 한다.

문학 작품을 읽는 최고의 방법 중의 하나인 '연애편지 읽기법'은 모티머 애들러(Mortimer Adler)가 자신의 명저인 〈독서의 기술〉에서 이미 잘 설명해 놓은 방법이다.

"사랑에 빠져서 연애편지를 읽을 때, 사람들은 자신의 실력을 최대한으로 발휘하여 읽는다. 그들은 단어 하나하나를 세 가지 방식으로 읽는다. 그들은 행간을 읽고 여백을 읽는다. 부분적인 관점에서 전체를 읽고 전체적인 관점에서 부분을 읽는다. 문맥과 애매함에 민감해지고 암시와 함축에 예민해진다. 말의 색채와 문장의 냄새와 절의 무게를 곧 알아차린다. 심지어 구두점까지도 그것이 의미하는 바를 파악해 내려 한다."

문학 작품을 읽는다는 것의 본질은 누군가의 삶에 빠져들어 사랑을 하고, 연민을 느끼고, 감동한다는 것이다. 그렇게 하기 위해서는 연애편지를 읽는 것처럼 한 줄 한 줄, 한 글자 한 글자, 심지어 구두점 하나까지도 그것이 함축하는 풍요로운 함의를 유추하려고 노력해야 하고,

유추해 낼 수 있어야 한다.

　그러한 것을 가장 잘할 수 있을 때는 사랑하는 여인의 편지를 받았을 때다. 우리의 상상력과 능력은 성장과 쇠퇴를 거듭해 나간다. 누군가는 계속 성장하지만, 누군가는 계속 쇠퇴만 한다. 또 누군가는 학창 시절에는 성장하지만, 졸업 후 사회인이 된 후에는 급속도로 쇠퇴하여 문맹자들보다 더 못한 수준으로 전락하기도 한다.

　하지만 누구나 연애편지를 받는 그 순간이 되면 사라진 상상력과 능력이 되살아난다. 그렇기 때문에 연애편지를 많이 쓰고, 많이 받아본 사람이 문학 작품을 잘 읽는 훌륭한 독자가 되는 것도 이상한 일은 아니다. 최고의 문학 작품은 연애편지이고, 연애편지를 읽는 일이기 때문이다.

문학 작품, 이렇게 읽으면 안 된다

"나는 독서하는 방법을 배우기 위해 80년이라는 세월을 바쳤는데, 아직도 그것을 잘 배웠다고는 말할 수 없다."

100권 이상의 책을 집필한 대문호 요한 볼프강 폰 괴테(Johann Wolf gang von Goethe)가 한 말이라고는 상상도 할 수 없는 말이다. 평생 독서하는 방법을 배웠지만 아직도 부족하다고 그는 말하고 있다. 그가 이렇게까지 말하는 것을 통해 우리가 유추해 볼 수 있는 것이 있다. 그것은 독서를 잘하는 것과 글을 읽을 줄 아는 것은 전혀 다른 일이라는 사실이다.

문맹자가 아니라고 독서하는 방법을 잘 안다고 말할 수는 없다는 것이다. 문맹자는 글자를 읽지 못하는 사람이지만, 글자를 읽을 줄 안다고 모두 독서하는 방법을 잘 아는 사람이라고도 할 수 없다.

특히 문학 작품을 읽을 때는 방법이 따로 있으며, 그중에서도 조심해야 할 것들이 있다. 그중 가장 조심해야 할 것은 너무 빨리 내달리며 읽는 독서법이다.

"현명하게, 천천히, 빨리 달리는 사람은 넘어진다."

윌리엄 셰익스피어의 명저인 〈로미오와 줄리엣〉에 나오는 이 말처럼, 인문학 독서는 현명하게, 천천히 음미하면서 읽어 내려가야 하는 독서이다. 그렇기 때문에 빨리 읽는 방법은 절대적으로 금지해야 한다.

우리가 자동차 여행이나 기차 여행을 할 때를 떠올려 보라. 경치 좋은 시골로 자동차를 몰고 여행을 갈 때, 그 멋진 풍광을 보면서 운전하는 데도 누구는 같은 지역을 30분 만에 시속 150km로 내달리며, 그곳을 여행했다고 말한다. 하지만 누구는 3시간 동안 시속 15km로 천천히 달리며 그곳의 모든 경치를 구경하며, 속속들이 살펴보면서 여행했다고 말한다.

과연 누가 더 여행다운 여행을 했을까? 그리고 누가 더 많은 것을 눈으로 보고, 더 많은 것을 느꼈을까? 인문학 독서는 후자처럼 천천히 깊게 읽는 것이다. 그래야 더 많은 것을 배우고 생각하고 탐구할 수 있기 때문이다.

문학 작품을 읽을 때는 너무 급하게 읽어 내려가려고 해서는 안 된다. 문학 작품을 읽는다는 것은 타인의 삶을 대신 살아보고 경험해 본다는 의미이며, 삶의 여정을 천천히 밟아 나간다는 것을 의미한다.

여행을 떠날 때, 급하게 갔다 오는 사람은 없듯이, 그 여행의 묘미를 느끼고, 좋은 여행을 다녀오기 위해서는 어느 정도 천천히 그 시간을 음미해 볼 필요가 있다. 문학 작품을 읽는 것도 이와 다르지 않다.

한때 일본 열도를 히라노 열풍에 휩싸이게 했던 젊은 문학가 히라노 게이치로(平野啓一郎)는 자신의 책을 통해 소설 작품을 속독할 수 없는 이유에 대해 다음과 같이 설명한 적이 있다.

> "왜 소설은 속독을 할 수 없는 것일까? 그것은 소설에 다양한 노이즈가 있기 때문이다. 플롯에만 관심이 있는 속독자에게 소설 속의 다양한 묘사와 세세한 설정들은, 무의미하고 때로는 플롯을 파묻히게 만들어 방해하는 혼입물로 느껴질 것이다. 소설에 리얼리티를 부여하기 위한 필요악 정도로 여겨질지도 모른다. 확실히 스피디하게 스토리 전개만 좇아가고자 한다면 그러한 요소들은 노이즈이다. 그러나 소설을 소설답게 만들어주는 것 역시 바로 그 노이즈들이다. 누구나 알고 있듯이 소설은 아무리 어려운 주제를 다루고 있다 해도 철학서는 아니며, 작자의 생각을 설명하기 위한 예화도 아니다. 또한 동화 같은 단순한 이야기와도 다르다."
>
> **_ 히라노 게이치로, <책을 읽는 방법>, 41쪽**

문학 작품을 충분히 음미하기 위해서도 문학 작품은 절대로 급하게, 쫓기듯이, 내달리듯이 읽어서는 안 된다. 그런 점에서 일반 서적은 패스트 리딩을 추천하고, 문학 작품은 슬로우 리딩을 추천하는 바이다. 그렇다고 해서 문학 작품에 완전하게 빠져들어서 빨리 읽지 않고는 도저히 그 책을 손에서 놓을 수 없을 때 단숨에 읽어 내려가는 것과, 급하게 쫓기듯이 자발적으로 내달리는 것을 혼동해서는 안 된다.

문학 작품은 기본적으로 천천히 음미하면서 읽는 것이 좋은 독서법이다. 하지만 때에 따라서는 작품에 완전히 빠져들어 몰입하면서 단숨에 읽어 버리는 경우도 있다. 재미있고 매력적인 작품일수록 이렇게 작품에 완전하게 몰입하여 몸과 마음을 다 맡기고 작품에 빨려드는 경험을 독자에게 선사한다.

어떤 책은 빨리 읽지 않으면 이야기의 흐름을 놓치기 쉽다. 하지만 그것은 어디까지나 독자의 독서 수준에 달려 있다. 조금 더 차원 높은 독서를 하는 독자라면 문학 작품은 천천히 읽어야 한다는 것을 본능적으로 깨닫는다. 물론 빨리 읽으면 읽는 그 순간에는 너무나 황홀하다. 어떤 기준에서는 빨리 읽는 것이 최고의 방법일 수 있다. 하지만 문제는 이렇게 몰입하여 읽으면 읽기의 또 다른 묘미를 놓칠 수 있다는 점을 감안해야 한다는 것이다.

즉, '엄청나게 흥미진진하게 빠져들어서 읽었다'는 유쾌한 경험을 얻는 반면, 문학 작품을 제대로 음미하고 사유하며 풍부한 상상의 나래를 펼칠 시간적, 감정적 여유와 기회는 가지지 못했다는 양면의 점 말이다. 그렇다고 절대로 소설은 단숨에 읽어 내려가면 안 되는 것이라고 말하는 것은 아니다. 문학 작품 중에서는 단숨에 읽어 내려가는 것이 더 좋은 책도 있고, 천천히 음미하면서 읽어 내려가야 더 많은 것들을 길어 올릴 수 있는 책도 있다.

모티머 J. 애들러(Mortimer Jerome Adler)는 자신의 저서인 〈독서의 기술〉에서 문학 작품을 읽을 때 해서는 안 되는 독서법 중에 하나로 적극적이고 공격적인 독서 자세를 언급했다. 문학 작품을 읽을 때는 어느 정도 이야기의 흐름에 자신을 내맡기는 약간의 수동적인 자세가 필요

인생에 반전이 필요하다면 인문학 독서가 답이다

하다는 것이다.

> "적극적으로 독서하는 것은 어떤 경우에나 중요하지만, '교양서'와 문학서는 그 자세가 달라진다. '교양서'를 읽을 때에는 눈을 언제나 매처럼 빛내며 금세라도 습격할 수 있는 태세로 있지 않으면 안 된다. 그러나 시나 소설을 읽을 때에는 이래서는 곤란하다. 그 경우에는, 말하자면 적극적인 수동(受動)이라고도 할 만한 자세가 필요하다. 이야기를 읽을 때는, 이야기가 마음에 작용하는 대로 맡기고, 또 그에 따라서 마음이 움직이는 대로 내맡겨 두지 않으면 안 된다. 즉, 무방비(無防備)로 작품을 대하는 것이다."
>
> _ 모티머 J. 애들러, <독서의 기술>, 173쪽

우리가 문학 작품을 천천히 음미하면서 어느 정도는 수동적으로, 문학 작품의 흐름에 우리의 판단을 내맡겨야 하는 이유 중의 하나는 문학 작품에 사용되는 언어들이 모두 모호성을 가지고 있기 때문이다. 교양서와 문학서는 존재하는 목적 자체가 다르기에, 언어를 사용하는 방법 또한 다르다. 모티머 J. 애들러는 이렇게 말했다.

> "'교양서'와 문학서는 목적이 다르기 때문에 언어를 사용하는 방법이 스스로 달라진다. 작가는 언어에 잠재하는 모호성을 최대한으로 활용한다. 그렇게 하면 의미의 다양성에서 오는 독특한 풍부함과 힘참을 충분히 얻을 수가 있기 때문이다. 작가에게 있어서 은유는 작품을 구축하는 구성단위이다. 모호성을 버리고 한정된 의미로 언어를 사용하는 논리학자와는 대조

적이다."

_ **같은 책, 174쪽**

이처럼 문학 작품의 작가들은 좀 더 풍부한 작품 세계를 만들기 위해 언어의 모호성을 최대한 활용한다. 그래서 문학 작품을 읽을 때는 다양한 상상을 하면서 작품의 흐름에 최대한 자신을 맡기고 천천히 음미하면서 읽어 나가야 하는 것이다.

갈망하는 삶이 문학이다

_ 괴테 <파우스트>

현재 독일어로 만들어진 문학 작품 중에서 가장 중요한 작품으로 평가받는 작품은 바로 괴테가 60여 년에 걸쳐서 썼다는 이 작품이다. 중요한 만큼 가장 난해한 작품이기도 한 이 작품이 인류에게 던지는 질문은 무엇일까? 우리는 이 작품에서 무엇을 길어 올려야 하는 것일까?

이러한 질문에 답을 찾기 위해 이 책의 주인공인 파우스트라는 인물에 대해 알아볼 필요가 있다. 그는 과연 어떤 인물이었을까? 놀랍게도 이 책의 주인공은 종교개혁자 루터(Luther)와 동시대인으로 실존한 인물이다. 그는 요한 파우스트 혹은 게오르크 파우스트라는 이름으로 불렸다고 전해지며, 파우스트라는 이름은 '행복한 사람' 혹은 '행운아'라는 뜻의 라틴어 '파우스투스(Faustus)'에서 유래한다.

실존 인물인 파우스트는 살아생전에 치료사, 연금술사, 마법사, 예언가, 사이비 학자로 명성을 누렸고, 많은 기행을 부렸다고 전해져서 전설적인 인물로 자리잡았다. 그의 죽음 또한 불가사의하여 당시 사람들은 이러한 결과가 사탄과의 관계에서 비롯되었을 것이라고 추정하였고, 시간이 흐르면서 여러 가지 이야기들도 나오게 되었다.

여러 작가들이 그의 이야기를 모티브로 하여 글을 썼다. 그중 최고의 작품이 바로 괴테의 〈파우스트〉다.

이 책에서 묘사된 파우스트는 세상과 우주를 지배하는 진리를 탐구하기 위해 학문에 몰두하는 학자였으며, 종교개혁과 르네상스 시대라는 시대적 요구에 부응하여 억압적인 중세의 봉건질서와 절대적인 신의 지배 아래에서 스스로를 해방시키고 자유로운 삶을 누리며 자기 방식대로 살아간 철저한 개인주의자였고, 진리를 탐구하기 위해, 더 나은 존재가 되기 위해 노력하며 갈망하는 방황하는 영혼이었다.

한마디로 파우스트는 학문을 통해 인생과 우주의 본질과 진리에 접근하고자 갈망했던 사색형 인간, 고뇌하는 인간이었다.

> "파우스트: 아아! 철학,
>
> 법학과 의학,
>
> 게다가 유감스럽게 신학까지도
>
> 온갖 노력을 기울여 깊이 파고들었거늘
>
> 이 가련한 바보가
>
> 조금도 더 지혜로워지지 않았다니!
>
> 석사라 불리고 박사라 불리며,
>
> 벌써 10년 동안이나
>
> 위로, 아래로, 이리저리 사방 천지로
>
> 학생들의 코를 꿰어 끌고 다녔지만
>
> 결국 우리가 아무것도 알 수 없다는 사실만을 깨닫다니!
>
> 그러니 어찌 속이 바싹 타들어 가지 않겠는가."
>
> **(354~365행)**

무엇보다 그는 이성을 중시했고, 이성의 산물인 학문을 통해 인간과 우주의 본질을 꿰뚫는 진리를 탐구하여 신을 대신하고자 했지만, 결국 한계를 뼈저리게 느끼고, 자신은 쓰레기 더미를 파헤치는 벌레와 닮았다고 고백하기도 한다.

> "파우스트:　내가 신들과 대등하지 않은 것이!
>
> 　　　　　　이리도 뼈저리게 느껴지다니!
>
> 　　　　　　쓰레기 더미를 뒤지는 벌레 같은 존재인 것을.
>
> 　　　　　　쓰레기를 먹고살다가
>
> 　　　　　　나그네의 발길에 짓밟혀 버리는 벌레 같은 존재."
>
> **(652~655행)**

진리를 밝혀서 신이 되고 싶었지만, 자신은 벌레와 닮은 존재라는 사실을 자각하고 괴로워하는 그 순간에 그는 악의 화신인 메피스토펠레스를 만나고, 쾌락을 통해 삶의 의미를 느끼게 해주겠다는 유혹을 받는다. 그는 쾌락은 진리를 갈망하는 인간의 고귀한 정신을 충족시켜 줄 수도 없고, 쾌락에 농락당하게 된다면 그 순간이 자신의 마지막 날일 것이라고 말하면서 그 제안을 받아들인다.

> "파우스트:　내가 속 편하게 누워서 빈둥거린다면,
>
> 　　　　　　그것으로 내 인생은 끝장일세!
>
> 　　　　　　내가 자네의 알랑거리는 거짓말에

속아 넘어가고

쾌락에 농락당한다면,

그것은 내 마지막 날일세!

우리 내기해 보세."

(1692~1698행)

인간의 본질에 대한 총체적 인식을 얻게 되는 그 순간에는 기꺼이 파멸의 길을 가겠노라고 그는 다음과 같은 유명한 말을 메피스토펠레스에게 던진다.

"파우스트: 내가 순간을 향해

순간이여, 멈추어라! 너 정말 아름답구나! 라고 말한다면

그땐 자네가 날 마음대로 결박해도 좋아.

그러면 나는 기꺼이 파멸의 길을 걷겠네!

(1699~1702행)"

결국 파우스트는 인간으로서 될 수 있는 최고의 경지인 시간과 공간을 초월한 신과 같은 인간, 인류 전체와 인간성의 모든 것이 완전하게 응집되고 구현된 인간이 되는 순간을 끊임없이 갈망하고 찾았고, 이제 그것을 실현할 마지막 남은 한 가지 방법을 선택하게 되었던 것이다. 그 선택의 결과로 세상의 쾌락을 맛보기 위해 세상을 돌아다니게 되면서 본격적인 이야기가 펼쳐지고, 그러한 여정의 끝에서 이야기는 절정을

향해 치닫는다.

'인간은 왜 문학을 만들었을까? 그리고 인간은 왜 무엇인가를 갈망하는가? 그저 먹고 자고 살아가면 되는 것이 아닌가? 과연 인간에게 희망이나 구원이나 진리라는 것이 어울리는 것인가? 그것이 어울린다면 우리는 어떻게 해야 그것들과 어울리는 삶을 살아갈 수 있는 것인가?'

이러한 질문들을 끊임없이 우리에게 던지는 이 책은 또한 이러한 질문에 대해서 스스로 해답을 찾아갈 수 있게 이끌어 주기도 한다. 이것이 많은 사람이 이 책을 가장 높게 평가하는 이유가 아닐까?

이 책은 우리에게 이렇게 들려준다.

> "파우스트: 이것이야말로 지혜가 내리는 최후의 결론일세.
>
> 자유도 생명도 날마다 싸워서 얻는 자만이
>
> 그것을 누릴 자격이 있는 것이다."
>
> **(11574~11576행)**

이 책은 우리에게 인간에게서 가장 중요한 것은 방황하더라도, 넘어지더라도, 끝까지 노력하는 일을 멈추지 않는 것이며, 그럴 때에 비로소 희망과 구원과 생명과 자유가 보장된다는 사실에 대한 낙천적이고 긍정적인 세계관을 일깨워 준다.

갈망하는 자, 노력하는 자, 노력하기에 방황하는 자, 방황하기에 성숙하는 자, 성숙하기에 자유와 생명도 얻고 구원받는 자는 이 책이 제시하는 인간의 전형이다.

우리가 이 책을 읽고서 명심해야 할 것들은 너무나 많다. 그중에서 단 한 가지만 기억하고 나머지는 모두 잊어버려도 된다고 누군가가 나에게 허락한다면 나는 과감하게 이 말을 선택할 것이다.

> "파우스트:　언제나 갈망하며 애쓰는 자,
>
> 　　　　그를 우리는 구원할 수 있노라."
>
> **(11936~11937행)**

괴테는 수백 년의 전통을 가지면서 흘러 내려오던 전설의 이야기를 토대로 하여, 인간의 고뇌와 정신과 세상의 온갖 이야기와 삶을 교묘하게 아울러 불후의 대작을 만들어내는 데 성공했다. 그가 만든 것은 세계적인 문화유산으로 자리매김했고, 괴테 본인은 이 책 한 권에 자신의 모든 것을 응축시켜 놓았다.

우리는 그러한 대작을 읽으면서 끊임없이 다양하고 심오한 문제들을 제기할 수 있고, 동시에 해답을 찾을 수 있는 마르지 않는 샘과도 같은, 때로는 끝없이 펼쳐진 바다와 같은 세계에 빠져들며 다양한 감정을 느끼지 않을 수가 없는 것이다.

우리가 고전을 읽음으로써 얻는 이점은 이처럼 실로 다양한 것일지도 모른다. 그러나 가장 중요한 이점 중의 하나는 우리의 내면과 함께 이 세상의 본질에 대해 우리가 더욱 분명하게 의식할 수 있게 된다는 점에 있을 것이다. 괴테의 〈파우스트〉는 바로 이러한 영향을 우리에게 끼친다는 점에서 고전 중에 고전이라고 해야 할 것이다.

파우스트는 인생을 살면서 계속 성공했던 사람이 아니다. 수많은 좌절과 실패와 절망과 슬픔을 겪었다. 우리의 삶도 이와 같다고 할 수 있다. 또, 그는 수많은 죄를 짓고, 잘못을 저지르고, 또한 고통도 받았다. 하지만 그는 결단코 인생의 의미가 무엇인지를 밝혀내고자 하는 의지를 굽히지 않았다. 그래서 그가 구원을 받았던 것이다.

그에게서 배워야 할 것은 언제나 갈망하며 애쓰며 노력하며 그 노력을 절대로 포기하지 않아야 한다는 것이다.

문학 서적을 읽을 때 반드시 던져야 하는 질문들

"어떤 책이나 두 장의 표지 사이에는 골격이 숨어 있다. 분석적 독자가 해야
할 일은 그것을 발견해 내는 것이다. 책은 알몸의 골격 위에다 살을 붙이고
그 위에 의상을 걸치고 독자 앞에 나타난다. 말하자면 완전히 정장 차림을
하고 있는 것이다. 독자는 그 부드러운 표면 밑에 있는 뼈대를 잡아내려고
의상을 벗기거나 손발의 살을 발라낼 필요는 없다. 다만 엑스선과 같이 투
시(透視)할 수 있는 눈으로 책을 읽지 않으면 안 된다. 대체로 책을 이해하
려면 우선 그 구조를 파악하지 않으면 안 되기 때문이다."

_ 모티머 J. 애들러, <독서의 기술>, 75쪽

문학 서적을 읽을 때 반드시 던져야 하는 질문이 있다면 무엇일까?
인생에 대한 근본적인 질문들은 차치하더라도 반드시 던져야 하는 질
문은 그 책의 전체적인 내용이 가진 골격, 즉 구조에 대한 것이다.

어떤 문학 작품을 읽더라도 스토리를 파악하기 위해서는 먼저 골격,
구조를 파악해야 한다. 그렇기 때문에 가장 먼저, 반드시 던져야 하는
질문은 그 책의 전체적인 내용을 확실하게 파악할 수 있는 골격에 대한
질문이어야 한다.

독일의 문학가 마르틴 발저(Martin Walser)는 '우리가 읽는 책이 우리

를 만든다'라는 유명한 말을 남겼다. 하지만 책을 읽을 때 우리가 던져야 하는 질문을 던지지 않고, 그저 수동적으로 책의 내용을 받아들인다면 우리는 우리가 읽는 책으로 우리를 만들어낼 수 없을 것이다.

즉, 책을 읽었을 때 효과를 얻고, 무엇인가를 남기기 위해서는 반드시 스토리와 구조에 대한 질문을 던져야 한다.

극작가 헨리 밀러(Henry Miller)는 '어떤 책이든지 읽는 이에게 생명을 불어넣을 수 있는 정신의 불꽃이 붙기까지는 그저 죽은 물건에 불과하다'라는 충격적인 말을 한 적이 있다.

이 말을 잘 되새겨 보면, 어떤 책이라도 읽는 이들이 생명을 불어넣을 수 있는 정신의 불꽃이 붙기까지는 그저 죽은 물건, 부활을 기다리는 물건에 불과하기 때문에 읽으며 그 안에 불꽃을 붙여야함을 의미한다는 것을 알 수 있다.

정신에 불꽃을 붙인다는 것은 결국 그 책에 질문을 던짐으로써, 책에 숨겨져 있는 골격과 구조, 스토리, 그리고 그 모든 것을 통해서 드러나는 작가의 의도와 목적 등을 깨어나게 하고 드러나게 하고, 느낄 수 있게 만드는 것이다. 그리고 그것은 바로 독자들의 몫이다. 그런 점에서 훌륭한 독자는 받아들이는 사람이 아니라 오히려 주는 사람이다. 질문을 던지고, 새로운 불꽃을 주고, 생명을 불어넣는 사람이 바로 훌륭한 독자인 것이다.

필자는 문학 작품을 읽으면서 항상 '인생의 의미'는 무엇일까에 초점을 맞추고자 노력한다. 물론 그것은 힘들지만 최소한의 노력을 하면서 문학 작품을 읽는다. 아무 생각도 없이 그저 문학 작품을 읽는 것은 책의 주인이 아닌 노예로 책을 읽는 것에 불과하다.

　문학 작품을 통해 우리는 다양한 삶을 경험할 뿐만 아니라 자신의 삶의 주인이 되어야 한다. 그렇게 하기 위해서 반드시 필요한 것은 문학 작품을 통해 스스로에게 질문을 던지는 일이다.

'과연 저자의 주장이 절대적으로 옳은 것인가?'

'과연 저자의 견해가 타당한 것인가?'

'과연 이 책의 골격과 스토리가 내 삶에 적용 가능한가?'

'과연 이 책의 내용과 결말은 가장 최선인가?'

'과연 이 책은 누구를 위한 책일까?'

'이 책을 한마디로 요약하면 무엇일까?'

'이 책을 읽는다는 것은 내게 어떤 의미일까?'

'이 책이 나의 삶의 의미와 목표를 발견하게 해주는 것일까?'

'이 책이 나의 삶을 송두리째 바꾸어 줄 수 있는 것일까?'

'저자의 제안은 지금 나의 현실과 삶에 유용한가?'

'주인공의 선택과 행동에 나는 과연 어떤 평가를 할 것인가?'

'결국 이 책은 내 인생에, 나의 선택에 어떤 영향을 미칠 것인가?'

　결국 다각적이고 입체적인 질문을 던져 가면서 읽는 것은 스스로 창조하면서 능동적으로 읽어 나가는 것이라고 할 수 있다.

　소설가 베르나르 베르베르(Bernard Werber)는 '인간에게는 누구나 인생과 우주에 대해 질문을 던지고 답을 찾을 수 있는 능력이 있다'고 말했다. 좋은 질문을 할수록 좋은 해답을 찾아갈 수 있다는 것을 필자는 알게 되었다.

책을 읽고 수용하는 자가 아니라 책을 읽고 질문을 던지는 자가 되어야 하는 이유가 바로 이것이다. 얼마나 많은 질문을 던지느냐에 따라 얼마나 많은 것들을 얻을 수 있느냐가 결정된다는 사실을 명심해야 할 것이다.

문학 서적만큼 상상력이 많이 녹아들어 간 장르는 없다고 할 수 있다. 그런 점에서 읽으면서, 그리고 읽고 난 후 가장 많은 질문을 해야 하는 것도 문학 작품이다. 하지만 가장 많은 사람이 그저 스토리에만 집중하여 가장 질문하지 않는 장르가 문학 장르라는 사실은 매우 아이러니한 일이 아니라고 할 수 없다.

문학 서적을 읽을 때 반드시 던져야 하는 질문이란 스스로 던져야 하는 질문이다. 골격을 알고 나서는 자기 자신의 다양한 견해와 다각적인 시각에서 질문들을 만들어 던져야 한다. 문학 작품을 가장 잘 소화하는 사람은 질문을 많이 던지는 사람이지, 논리적으로 그것을 분석하는 사람이 아니다. 또한 감성적으로 문학 작품에 감동을 받으면서 문학 작품을 읽는 독자들이 논리적으로 그것을 분석하는 사람보다 훨씬 더 나은 독자임에 틀림없다. 여기에 질문을 던지며 자신의 삶과 문학 작품을 연결해 나가면서 읽는 독자들은 더욱더 훌륭한 독자임에 틀림없을 것이다.

사느냐 죽느냐 그것이 문학이다

_ 셰익스피어 <햄릿>

    우리는 왜 살아야 하는 것일까? 왜 자살해서는 안 되는 것일까? 아니 왜 자살하지 말라고 말해야 하는 것일까? 선택의 자유는 엄연히 존재한다면서 우리는 타인에게 강요하는 것이 너무나 많다.

    학교를 왜 다녀야 하고, 공부는 왜 해야 하는 것일까? 그냥 남들이 하니까! 이것이 정답일까? 이러한 질문들보다 더 근본적인 질문에 대해 함께 생각해 보자.

    "살 것인가? 죽을 것인가? 이것이 가장 근본적인 질문이다."

    당신은 지금 왜 사는가? 만약 당신이 이 질문에 답할 수 없다면 당신에게 문학이 필요하다고 말하고 싶다. 물론 당신이 문학 작품을 수없이 많이 탐닉한다고 해서, 이러한 근본적인 질문에 바로 대답할 수 있는 것은 아니다. 하지만 어느 정도는 가까이 다가갈 수 있다.

    똑같은 문학 작품을 읽고서 누구는 삶을 선택하고, 또 다른 사람은 죽음을 선택하기도 한다. 그것은 왜일까? 각자의 의식과 사고 수준, 환경과 처지, 과거와 현실이 다르기 때문이다. 즉, 사람마다 똑같은 문학 작품을 읽어도 저마다 다 다른 것들을 생각하고 배운다.

문학 작품은 바로 이러한 점 때문에 더 묘미가 있다. 똑같은 책 〈삼국지〉를 읽더라도, 우리가 철없던 10대 때 읽는 것과 인생의 산전수전을 다 겪은 후인 40대 때 읽는 것은 전혀 다른 해석과 교훈을 얻게 한다. 이러한 사실에 대해 영국의 여류 소설가인 버지니아 울프는 다음과 같이 말한 적이 있다.

"해마다 셰익스피어의 비극 〈햄릿〉을 다시 읽고 그때마다 감동을 글로 남기면 그것은 사실상 우리의 자서전을 기록하는 것이나 다름없다. 왜냐하면 인생 경험이 풍부할수록 인생에 대한 셰익스피어의 해석도 그만큼 더 절실하게 와 닿기 때문이다."

이런 점에서 문학 작품은 다른 책들보다 가장 많이 독자들의 참여를 요구하고, 독자들의 참여를 통해 비로소 완성되는 비밀스러운 책이다.

문학 작품을 읽을 때 가장 좋은 자세 중에 하나는 딜레마를 즐기고, 그 딜레마를 정복하는 것이다. 〈햄릿〉에도 극적인 딜레마가 존재한다. 만약에 이 책에 딜레마가 없다면 이 책은 별로 흥미로운 작품이 아니었을 것이다. 딜레마가 있기에 이 책이 우리에게 강렬한 인상과 감동을 주는 것이다. 그리고 이것은 우리의 인생이 바로 딜레마 그 자체이기 때문이다.

즉, '사느냐 죽느냐'와 같은 딜레마가 바로 문학이며, 삶인 것이다. 어떤 스토리에도 절정이 있는 것은 딜레마가 있기 때문이다. 딜레마가 없다면 그 문학 작품은 그 어떤 흥분과 전율도 독자들에게 주지 못할 것이다.

"배부른 돼지가 되기보다는 배고픈 인간이 되는 편이 낫고, 만족스러운 바보가 되기보다는 불만족스러운 소크라테스가 되는 것이 낫다."

위의 말을 남긴 영국의 경제학자이자 철학자인 질적 공리주의자 존 스튜어트 밀(John Stuart Mill)은 쾌락에도 질적인 차이가 있다고 했다. 저급하고 질 낮은 쾌락과 고급하고 질 높은 쾌락을 다 경험한 사람이라면 고급하고 질 높은 쾌락을 더 선호할 것이라는 것이다. 그리고 둘 중 하나를 선택하라면 그는 후자를 선택할 것이라고 말했다. 그것이 더 나은 것이기 때문이다.

이처럼 문학 작품엔 딜레마가 있어서 서로 상반되는 두 가지 중 하나를 선택하도록 만든다. 그리고 독자들은 선택을 통해 그 작품을 완성해 나간다.

독서한 내용을 지식으로 삼거나, 독서를 통해 알게 된 것을 지식으로 삼는 사람은 결국 그 지식의 한계를 벗어나지 못한다. 그래서 지식에 의존하는 독서는 그 사람이 지식인이 되게 할 수는 있어도 그 사람의 삶을 변화시킬 수는 없다. 하지만 지식이 아닌 딜레마의 상황에서 하나를 선택해야 하는 경험을 통해 지혜를 키워나간 지혜에 의존하는 독서는 지식인이 되지는 못한다 해도 삶을 변화시키고 미래를 창조해 나갈 수 있게 한다.

문학 작품은 우리에게 딜레마를 던져 준다. 그래서 문학은 딜레마다.

하지만 그 딜레마가 우리에게 딜레마를 벗어날 지혜를 선사해 준다. 그런 점에서 문학은 세상을 헤쳐 나갈 해법이 담긴 보물 지도인 것이다. 그러한 보물 지도를 가장 많이, 그리고 심도 있게, 광활하게 인류에게 선사해 준 사람이 바로 셰익스피어라고 할 수 있다. 그래서 누군가는 셰익스피어가 현재의 인간을 발명해 내었다고까지 말한다.

셰익스피어에서 헤밍웨이까지 작품으로 읽는 문학 독법에 대한 책인 〈해럴드 블룸의 독서 기술〉이란 책에 보면 햄릿에 대해 이렇게 말하는 것을 발견할 수 있다.

> "햄릿은 방대한 연극이면서 또한 많은 부분이 의도적으로 생략된 거인의 몸통만으로 된 조각상이다. 햄릿을 어떻게 읽느냐 하는 도전은 4막과 5막의 전환에서 절정에 이른다. 왜 햄릿을 읽는가? 이 작품은 이제 우리에게 거절할 수 없는 제안을 하기 때문이다. 이 작품은 우리의 전통이 되었고, 여기에서 우리라는 말에는 대단히 많은 사람이 포함된다. 햄릿 왕자는 지식인 중의 지식인으로서, 서구 정신의 고귀함이며 재앙이다. 이제 햄릿은 지성 그 자체의 표상이 되었고, 그것은 서구적인 것도 아니고 동양적인 것도 아니며, 남성적인 것도, 여성적인 것도, 흑인의 것도, 백인의 것도 아니고 단지 최상의 상태의 인간 그 자체이다. 왜냐하면 셰익스피어는 진정으로 다문화적인 최초의 작가이기 때문이다."
>
> **_ 해럴드 블룸, 〈해럴드 블룸의 독서 기술〉, 284쪽**

이 작품의 위대성은 한마디로 가장 극적인 딜레마를 만들어서 그것을 인류에게 200년 동안이나 잊지 않게 해주었다는 것이다. 그리고 그 딜레마의 주체는 이 희곡의 주인공인 햄릿이지만, 사실 따지고 보면 모든 인간이며, 모든 독자가 되는 것이다.

2백년이 넘도록 식을 줄 모르는 인기의 최고의 독백을 만나 보자.

"사느냐, 죽느냐, 그것이 문제로구나.
터무니없는 운명의 돌팔매와 화살을
마음속에 담아 두는 것이 더 고귀한가,
아니면 역경의 바다와 맞서 싸움으로써
그것을 끝내는 것이 더 고귀한가."

문학 작품이 독자들에게 제공해 주는 가장 큰 선물은 바로 이것이다. 가장 큰 딜레마를 던져 주고 독자들에게 이렇게 묻는 것이다. '어떤 삶을 선택하며 살 것인가?'를.

제4장

역사를
탐하다

"역사는 사라진 것에 대한 기록이다.
사라진다는 것은 무이고, 그것을 기록으로 남기는 역사란
무화되는 것을 막기 위해 그것에 의미를 부여하는 행위다.
스스로가 사라질 운명에 처해 있다는 것을 아는 인간은
어떤 방식으로든 자신의 삶에 의미를 부여하지 않으면 살 수 없는 존재다.
그 자신의 삶이 의미 있다는 확신을 갖기 위해서는
먼저 그 이전에 살았던 사람들의 삶이 의미 있었음을 입증해야 했고,
이런 필요가 역사라는 서사를 만들어냈다."

_ 김기봉 외, 〈고전의 향연〉, 179쪽

역사란 무엇이며 왜 관심을 가져야 하는가

역사란 과연 무엇인가? 그리고 왜 우리는 역사에 관심을 가져야 하고, 역사를 되돌아보아야 하는 것일까?

무엇보다 인간의 호기심을 자극하는 것 중의 하나가 역사일 것이다. 즉 역사에 대한 관심은 인간의 본원적 관심이라고 할 수 있다. 하지만 우리가 그저 역사가 인간의 본원적 관심이기 때문에 호기심을 충족하는 것에 그친다면 그 역사는 말 그대로 과거의 일, 과거사에 불과할 것이다. 그렇기 때문에 독자들이 역사 서적을 통해 역사에 대한 호기심과 궁금증을 해결하는 것보다 더 중요한 관심을 가져야 하는 이유가 있다. 그것은 바로 역사를 통해 과거를 아는 것에 그치지 않고, 그 역사에서 현재 우리 삶에 놓인 많은 당면 과제를 풀 실마리를 얻을 수 있다는 점이다.

이런 점에서 역사를 잘 아는 사람은 큰 실수를 범하지 않는다. 과거의 역사를 통해 이미 자신이 범할 수 있는 실수를 미연에 간접 경험하고, 큰 교훈을 얻었기 때문이다. 하지만 역사에 무관심한 사람은 자신이 범할 수 있는 예견된 실수를 피해 가기 힘들다. 과거 역사에 대한 인식 부족으로 오늘을 살아갈 길잡이를 확보하지 못했기 때문이다.

그런데 여기 문제가 있다. 그것은 우리가 역사 서적을 읽으면서 접하

인생에 반전이 필요하다면 인문학 독서가 답이다

는 역사라는 것이 100% 과거에 일어난 일을 기술한 것은 아니라는 점이다. 즉, 역사는 과거의 사실이 누군가에 의해 정리되고, 평가되고, 기록되면서 그 사람의 개인적인 시각과 관점과 입장이 개입된 채 남겨진 기록이라는 사실이다. 역사 서적을 읽을 때는 이 사실을 반드시 명심해야 한다. 그리고 이러한 이유에서 독자들이 접하는 역사에는 어느 정도 인위적인 요소가 있음도 명심해야 한다.

에드워드 H. 카(E.H. CARR)의 〈역사란 무엇인가〉를 읽어보면 정말 '역사란 무엇인가'에 대해 너무나 잘 알 수 있다. 그는 역사란 무엇인가란 질문에 '현재와 과거와의 끊임없는 대화'라는 현답을 남겼다.

"역사란, 역사가와 사실들의 부단한 상호작용의 과정이며, 현재와 과거와의 끊임없는 대화이다."

"역사는 과거와 미래 사이에 일관된 연관성을 확립할 때에만 의미와 객관성을 지니게 되는 것이다."

"역사가란, 사실과 해석, 사실과 가치사이의 양자사이에서 균형을 잡고 있는 사람들이다."

그가 자신의 저서를 통해 말하고자 했던 요체가 바로 이것이 아닐까? 그가 주장하는 역사는 반드시 고립된 것, 단절된 것을 의미하지 않는다. 끊임없는 대화를 통해 물이 흘러가고 이어지듯 역사란 부단한 상호작용을 통해 일관성을 유지하고 이어지는 것이다.

그런 점에서 역사는 인간 사회의 역동적인 흐름이다. 우리는 그 흐름 속에서 살아 나가아 하는 사회적 동물이다. 그런 점에서 그 흐름을 제대로 이해한다는 것이 생존과 번영의 필수조건이라는 점은 말할 필요도 없이 자명하다.

우리가 살아가는 동안 역사 서적을 읽어야 하는 이유 중 하나는 우리는 모두 사회를 떠나 개인으로는 존재할 수 없는 사회적 동물이기 때문이다. 역사는 그 사회의 일부이며, 그 사회의 이야기이며, 그 사회의 모습과 구조와 원리를 이해하는 데 결정적인 역할을 한다. 그런 점에서 역사가가 연구하는 과거와 그러한 연구 결과인 역사책을 읽는 독자들이 접하는 역사 역시도 죽어 버린 과거가 아니라 어떤 의미에서는 아직 현재 속에 살아 있는 역사인 것이다.

에드워드 H. 카는 역사가에 대해 '사실과 해석 사이에서 균형을 잡는 사람'이라고 정의했다. 그리고 그 역사가의 저작들을 접하고 읽는 독자들은 균형을 잡는 사람들인 역사가의 연구 결과와 현실 사이에서 균형을 잡는 사람이라고 할 수 있다.

인생에 반전이 필요하다면 인문학 독서가 답이다

신화를 읽어야만 하는 이유

"문학을 비롯한 모든 예술이 끊임없이 신화를 끌어들이는 이유는 신화의 활달한 상상력과 간명한 서사 구조 안에 인간 본성이 명료하게 제시되기 때문이다. 신화 안에는 인간적 삶의 보편적인 모습과 구조가 선명하게 내장되어 있다.

거침없는 상상력과 인간적인 진실이라는, 화합할 수 없는 두 가지 요소가 결합되어 나타나는 신화는 세계와 자연을 극복하려는 인간의 욕구를 자극하는 매력적인 이야기이다."

_ 연세대학교 HUNO 프로젝트 연구단, <역사, 문화, 설화에 관한 매체적 담론> 중

신화를 비롯한 역사 서적을 읽어야 하는 이유는 그 속에 우리의 미래가 담겨 있기 때문이다. 그리고 우리의 미래뿐만 아니라 미래를 어떻게 잘 헤쳐 나가고, 잘 창조해 나갈 수 있는지에 대한 해법도 함께 담겨 있기 때문이다.

연암 박지원은 <열하일기>에서 다음과 같이 말했다.

"본 것이 적은 자는 백로만 보았을 경우 처음 보는 까마귀를 비웃는다. 오리만을 보았을 경우 처음 보는 학의 자태를 위태롭게 여긴다. 사물은 스스로 아무런 괴이함이 없건만 자기 혼자 화를 내며, 하나라도 자기가 본 것과 다른 사물이 있으면 만물을 다 부정한다."

우리가 신화를 읽어야만 하는 이유는 바로 이것이다. 우리의 생각과 경험이 편협하고 좁으면 보다 큰 세상을 제대로 경험하며 살아갈 준비를 할 수 없고, 제대로 살아갈 수 없기 때문이다.

그런데 지금 일어나는 사건과 지금 현재의 독자들이 살아가는 세상만을 아는 것으로는 턱없이 부족하다. 우리의 뿌리를 알지 못한다면 당연히 삶도 고루하고, 편협해진다. 이것이 신화를 읽어야만 하는 이유인 것이다. 수천 년 동안 살다 간 인류의 삶이 담겼고, 그 삶의 근원이라고 여겨지는 여러 지역의 다양한 신화들을 읽는 것은 결국 우리의 본능과 정서의 고향을 찾아가는 일이다.

세상이 어떻게 움직이는지를 제대로 통찰할 수 있는 사람만이 세상에 끌려다니지 않을 수 있다. 그런데 세상이 어떻게 움직이는지를 통찰하기 위해서는 세상의 뿌리와 본질에 대한 넓은 견해와 시각을 가져야 한다. 신화 안에는 인간적 삶의 보편적인 모습과 구조가 선명하게 내장되어 있기 때문에 인간에 대해 잘 이해할 수 있다. 그래서 신화를 통해 인간의 본성을 통찰하는 힘이 생기면 그 다음에는 세상이 어떻게 움직이는지가 서서히 눈에 보이기 시작한다.

독자들은 이 세상이 잘 보이는 만큼 세상을 잘 살아갈 수 있게 된다. 그리고 신화를 읽는 만큼 이 세상이 잘 보인다. 그러므로 세상을 잘 살아가기 위해서 신화를 읽어야 하는 것이다.

우리가 세상을 살아가면서 가장 경계해야 하는 것이 자신만의 좁은 세상에 갇혀 살아가는 것이다. 장자가 주장하는 바도 이와 다르지 않다. '너의 좁은 눈으로 세상을 재단하지 말라'는 그의 말은 좁은 세상에 갇혀 자기만의 작은 세상이 우리가 살아가는 세상인양 재단하고 생각하며 살아가는 어리석은 사람에게 경각심을 일깨우는 말일 것이다.

신화를 한 번도 읽지 않은 사람이라면 이렇게 살 공산이 매우 높다. '대중은 우매하다'고 말한 플라톤의 말에서 우리는 신화를 읽어야 할 이유를 찾을 수 있다. 바로 우매한 삶에서 벗어나는 길이 신화와 같은 역사서를 통해 우리의 삶을 통찰하며 수정해 나가는 길이기 때문이다.

인간의 숨길 수 없는 본성을 잘 알게 해주는 책 중 하나는 마키아벨리(Machiavelli)의 〈군주론〉일 것이다. 그렇다면 이 〈군주론〉은 어디서 나온 것일까? 필자는 그가 신화와 같은 역사서를 통해 인간의 본성을 잘 꿰뚫어 보는 힘을 길렀기 때문에 이러한 글을 쓸 수 있었다고 생각한다.

"인간은 두려워하는 자보다 애정을 느끼는 자를 더 쉽게 배반한다. 원래 인간은 사악해 단순히 의리의 기반에 매인 정 같은 것은 자기의 이해에 따라 언제나 서슴없이 끊어버리기 때문이다. 그러나 두려워하는 자 앞에서는 처형의 공포로 꽉 얽매여 있기 때문에 결코 모르는 체할 수 없다."

그의 인간의 본성에 대한 통찰력이 절대적으로 옳다고는 할 수 없을 것이다. 하지만 그의 통찰력이 매우 심오한 것만큼은 인정해야 할 것 같다. 또, 신화를 많이 읽은 사람만이 이러한 인간에 대한 본성을 더욱 심오하게 통찰할 수 있을 것이다.

신화와 같은 역사책에 존재하는 역사적 사건에는 반드시 어떤 원인과 그로 인한 결과가 있고, 그로 인해 역사란 것은 반복되고 이어진다는 사실에 대한 인식을 가능하게 해주는 해석도 뒤따르기 마련이다.

이러한 해석은 한마디로 모든 현상에는 원인이 있다는 보편적인 진리에서 벗어나지 않는다. 18세기 프랑스의 철학자 몽테스키외(Montesquieu)는 모든 역사적 사건에는 원인이 있다고 말한다.

"어떤 왕조를 일으키고 유지하고 멸망시키는 데는 어떤 정신적 또는 물리적 원인이 있다. 모든 사건은 이 원인에 의하여 일어난다."

그렇기 때문에 역사 연구는 다른 말로 '왜 그런 일이 벌어졌을까'의 원인을 사실에 기초하여 연구하는 것이라고 말할 수 있다. 에드워드 H. 카는 자신의 저서를 통해 역사 연구와 위대한 역사가에 대해 이렇게 정의하고 있다.

"역사 연구는 원인을 연구하는 것이므로, 지난번 강연의 마지막 부분에서 말한 대로, 역사가는 '왜' 라는 의문을 계속해서 가져야 하며, 해답을 얻을 수 있는 전망이 보이는 한은 중단해서는 안 되는 것입니다. 즉 위대한 역사가-역사가라기보다는 좀 더 넓은 의미에서 위대한 사상가라고 말할 수 있겠지요-란 새로운 사실에 대하여, 또 새로운 자료를 대함에 있어서 '왜?'라는 문제의식을 제시할 줄 아는 사람을 말합니다."

_ 에드워드 H. 카, <역사란 무엇인가>, 150쪽

신화 같은 역사 서적을 읽어야만 하는 이유는 역사의 원인에 '왜?'라는 문제의식을 제시하고 그것을 파헤친 누군가의 노력의 결과물을 통해 역사의 흐름을 좀 더 쉽게 그리고 다양하게 알 수 있기 때문이다.

역사가들이 평생 연구한 결과를 책으로 기록하지 않았다면 인류는 그야말로 오리무중의 삶을, 뿌리도 모른 채 단절된 삶을 살아가면서 선조들이 겪은 수많은 시행착오를 또다시 반복하며 후손에게 그 어떤 교훈도 주지 못하는 삶을 반복했을 것이다.

다행히도 우리가 사는 이 세상에는 수많은 역사가들이 자신의 연구 결과를 책으로 기록하여 두었기에 그 내용이 단절되지 않고 이어져 내려오고 있다. 역사 서적을 읽어야 하는 이유에는 이처럼 여러 가지가 있다.

지식과 지혜가 있는 사람이 그렇지 못한 사람보다 삶을 더 잘 살아나가는 이유는 그 지혜와 지식이 새로운 것들을 창조하고, 어려운 문제들을 해결해 나가게 하는 원동력이 되어 주기 때문일 것이다. 역사를 공부한 사람들의 사고와 선택이 우수한 이유는 바로 이런 원리와 맥락을 같이할 것이라고 나는 생각한다.

역사 서적을 잘 읽는 법

"경서를 읽기에는 겨울이 좋다. 그 정신이 전일한 까닭이다. 역사서를 읽기에는 여름이 적당하다. 그 날이 길기 때문이다. 제자백가를 읽기에는 가을이 꼭 알맞다. 그 운치가 남다른 까닭이다. 문집을 읽자면 봄이 제격이다. 그 기운이 화창하기 때문이다."

〈마흔, 인문학을 만나다〉란 책에서 중국 당대의 화가 장조가 썼다는, 책의 첫 페이지에 나오는 글이다.

이 대목을 보면 역사서를 읽기에는 여름이 적당하다는 선배 독서가의 조언을 볼 수 있다. 그리고 그 이유는 날이 길기 때문이라고 한다. 이와 함께 장조는 '경전은 혼자 앉아 읽어야 좋고, 사기와 통감(역사서)는 벗과 더불어 읽어야 좋다'고 덧붙인다.

즉, 다른 사람들과 토론하며 읽어야 이해하고 해석하고 나아가 올바른 역사 인식을 가질 수 있다는 것이다. 하지만 바쁜 현대인들에게 한 가지 책을 함께 읽고 그것에 대해 토론하고 나누는 시간을 다른 사람과 함께 가진다는 것은 매우 힘든 일임에 틀림없다.

일단 읽고 토론할 책이 한정되어 있고, 주제도 확장시키기에 무리가 따를 것이고, 서로가 시간을 내기도 버거울 것이다. 이런 측면을 고려하자면, 현대인들에게 가장 좋은 역사 서적 읽는 법은 역사서에 대해 다양한 견해를 피력하는 다양한 사람의 책을 두루 보면서 책을 통해 토론하고, 역사 인식을 키워 나가고, 수정해 나가며, 조율해 나가는 것이라고 할 수 있다.

과거에는 책의 양이 적었지만, 지금은 어떤 역사책에 대해 자신의 견해를 피력한 책들이 적지 않고, 구하기도 어렵지 않다. 그만큼 독서 환경이 엄청나게 좋아졌다. 그렇기 때문에 책을 통해 토론하고, 소통하면서 더불어 읽는 효과를 누리는 방법으로 역사서를 읽는 것은 가장 좋은 방법일 것이다.

이러한 방법이 직접적으로 누군가를 만나서 토론하는 방법보다 더 나은 이유는 한두 가지가 아니다. 일단 책을 통해 만나 소통할 수 있는 사람에는 제한이 없다. 하지만 실제로 누군가를 만나 그것도 함께 토론한다는 것은 결국 자기 수준의 인맥을 벗어나지 못한다. 시간적, 공간적 제약으로 많은 사람을 만날 수도 없다. 하지만 책을 통한 간접 토론은 시간과 공간을 충분히 초월하고, 직접적으로 만날 수 있는 사람들의 수준을 훨씬 뛰어넘는 다양한 수준과 분야의 사람들의 견해를 직접적으로 접하게 한다.

위대한 선조 중 한 명인 다산 정약용 선생은 역사 서적에 대해 어떤 말을 하셨을까? 다산 선생도 역사 서적을 읽어야 한다는 데에는 의견이 같았다.

"우선 경학을 공부하여 밑바탕을 다진 후에 옛날의 역사책을 두루 섭렵하여 옛 정치의 득실과 잘 다스려진 이유와 어지러웠던 이유 등의 근원을 캐볼 뿐 아니라 모름지기 실용의 학문 즉, 실학에 마음을 두고 옛 사람들이 나라를 다스리고 세상을 구했던 글들을 즐겨 읽도록 해야 한다."

그는 옛날의 역사 서적을 두루 섭렵하여 읽어야 한다고 말했다. 그런데 그냥 읽어서는 안 되고 정치가 잘된 이유와 잘되지 못한 이유에 대한 근원을 캐보면서 읽어야 한다고 말했다.

이것이 역사 서적을 잘 읽는 하나의 방법이다. 근본적인 이유에 대한 근원을 캐보면서 읽는 방법 말이다.

"고전을 읽어 나가는 과정은 동서양의 선지식(善知識)들과 깊이 있는 주제를 놓고 대등하게 대화하는 과정입니다. 현인들이 어떤 물음을 던졌는지, 어떻게 해답을 모색했는지, 그것이 어떤 관점과 맥락에서 타당하거나 한계가 있는지를 따져 묻는 과정이기도 합니다.

또한 그 과정에서 고전의 여러 관점들끼리 또는 고전의 관점과 읽는 이의 관점이 서로 맞부딪치면서 공명을 일으키거나 어긋나거나 제3의 관점을 낳는 과정을 경험함으로써, 그리고 그에 따라 새로운 세계가 보이거나 보이던 세계가 닫히는 경험을 통해서 삶의 핵심 문제들을 여러 각도에서 다면적으로 통찰하는 힘을 기를 수 있습니다. 그리고 그것을 바탕으로 이제까지의 사고방식이나 행동 양식, 느끼는 방식에 대해 다른 눈으로 보고 다르게 대답하는 과정에서 타인과 더불어 살아가는 법을 주체적으로 발견할 수 있습니다."

_마상룡, <고금, 그리고 고전은 미래다>, 8~9쪽

〈고금, 그리고 고전은 미래다〉라는 책의 저자 마상룡은 고전을 읽어 나가는 과정은 한마디로 따져 묻는 과정이라고 말했다. 그렇게 따져 묻는 과정에서 새로운 관점을 낳고, 삶의 핵심 문제들을 여러 각도에서 다면적으로 통찰하는 힘을 기를 수 있다고 말이다.

그의 말처럼 고전인 역사 서적을 읽는 일도 같을 것이다. 역사 서적을 통해 삶의 핵심 문제를 다른 눈으로 보고, 다르게 대답하는 과정을 반복하면서 다양한 해답을 얻게 되는 것이다.

그는 고전 텍스트를 읽는 방법으로 크게 세 가지가 있다고 말했다.

"고전 텍스트를 읽는 방법으로는 크게 세 가지가 있습니다. 첫째, 고전을 하나의 완결된 구성체로 보고 저자가 규명하려는 문제의 핵심이나 궁극적으로 해명하고자 하는 화두가 무엇인지, 그에 대한 답변이나 견해 그리고 그것을 뒷받침하는 주요 근거들이 무엇인지를 탐구하는 독해 방법입니다. 둘째, 텍스트 자체의 내재적인 논리 구조보다는 그 텍스트가 생산된 사회적, 역사적 배경이나 맥락, 그것의 영향이나 기능을 중심으로 텍스트의 의미를 해명해 나가는 독해 방법입니다. 셋째, 고전 텍스트를 읽어 나가는 내적인 방식과 외적인 방식을 바탕으로 그것을 읽는 사람이 당면한 문제들을 풀어 나가는 데 텍스트가 어떤 점에서 이바지하며 어떤 점에서 한계가 있는지에 초점을 맞춤으로써 현대적으로 재해석하는 방법입니다."

_마상룡, 같은 책, 7쪽

그는 고전 텍스트를 읽는 방법으로 탐구하는 독해 방법, 의미를 해명해 나가는 독해 방법, 현대적으로 재해석하는 독해 방법의 세 가지 방법을 제시했다. 이중 역사 서적을 가장 잘 읽는 방법은 세 번째가 아닐까? 필자의 생각은 그렇다.

결론적으로 역사 서적을 잘 읽는 법은 따져 묻고 다양한 각도에서 재해석하여 현실의 삶에 적용해 나갈 지혜를 뽑아내며 읽는 것이라고 할 수 있다.

인간존재의 가벼움을 견디다

_ 사마천 <사기(史記)>

'사람은 죽어서 이름을 남긴다'는 말이 있다. 이 말에 가장 잘 어울리는 사람은 누구일까? 사람마다 다르겠지만 필자는 <사기>를 집필했던 사마천을 들고 싶다. 그는 비루한 삶을, 고통스러운 삶을 살았지만, 죽어서 이름을 남긴 인물 중 한 명이다.

그가 현세에서 받았던 죽음보다 더한 치욕이 없었다면 위대한 책은 탄생하지 않았을 것이다. 현세에서 그는 치욕적인 삶을 살았고, 그러한 치욕과 오명을 벗기 위해 혼신의 힘을 다해 <사기>를 집필해야만 했다.

사마천의 <사기>는 동아시아 최초의 역사서이며, 동양 역사서의 근간이자, 인간학의 보고(寶庫)일 뿐만 아니라 동양을 넘어 세계의 고전으로 손꼽히는 책이다. <사기>가 이처럼 위대한 책이 될 수 있었던 이유는 한마디로 책의 저자인 사마천의 처절한 인간적 고뇌가 고스란히 총 130권의 방대한 책에 녹아들어 있기 때문이라고 할 수 있다.

> "<사기>는 진시황의 분서갱유로 거의 백지상태에 있었던 중국 고대사를 복원하는 데 결정적인 기여를 했을 뿐만 아니라, 제자백가에 대한 구체적인 정보를 제공하는 필독서다. 하지만 <사기>가 중국 역사책 가운데 가장 널리

그리고 가장 감명 깊게 읽혔던 이유는 그 안에는 인간 운명의 문제를 치열하게 탐구한 사마천의 실존적 고뇌가 담겨 있기 때문이다."

_ 김기봉 외, <고전의 향연>, 180쪽

사마천은 〈사기〉를 통해 전설상의 황제(黃帝) 시대부터 자신이 살았던 한무제(漢武帝) 때까지 중국 및 이민족의 2,000여 년 역사를 다루었다. 오랜 기간 다룬 만큼 그가 기술한 내용은 무려 130권에 달하며, 책은 크게 다섯 부분으로 구성되어 있다. '본기(本紀)' 12편, '표(表)' 10편, '서(書)' 8편, '세가(世家)' 30편, '열전(列傳)' 70편 등이며, 글자 수는 모두 52만 6,500자로 이루어져 있다.

이 다섯 부분 중에서도 〈사기〉의 백미로 손꼽히는 부분은 〈사기〉의 반 이상을 차지하는 〈열전〉이다. 권력과 인간의 관계를 파헤친 진정한 인간학의 보고이고, 사마천의 역사의식이 가장 잘 나타나는 부분이기 때문이다. 또한 여기에는 각 시대를 대표하는 다양한 인물 군상을 통해 인간과 삶의 근본적인 질문과 문제에 대해 살펴보고 통찰하는 개인의 전기들이 담겨 있기에 〈사기〉의 다섯 부분 중에서도 가장 큰 인기를 끌고 있다.

〈본기〉는 오제로부터 한무제에 이르기까지 천하의 권력을 잡은 왕조나 제왕들의 역사를 기록했고, 〈표〉는 2,500여 년의 고대사를 일목요연하게 정리했고, 〈서〉는 제도, 과학, 민생, 치수 등과 같은 전장 제도(典章 制度: 제도와 문물)의 이론과 역사를 기록했고, 〈세가〉는 주로 제후왕의 역사를 기록했다.

인생에 반전이 필요하다면 인문학 독서가 답이다

그렇다면 이러한 방대한 역사서 〈사기〉를 그는 왜 편찬했을까? 무엇이 그로 하여금 이 일을 하게 만들었던 것일까? 그의 집필 목적은 과연 무엇이었을까?

그의 집필 목적은 크게 세 가지로 요약할 수 있을 것이다.

첫째는 아버지의 유지를 계승하기 위해, 둘째는 하늘과 인간의 관계를 탐구하여 일가를 이루어 이름을 후대에 남기기 위해, 셋째는 누군가는 역사를 집필해야 한다는 당위를 위해서였다.

하지만 이러한 대의명분보다 더 개인적이고 중요한 이유는 따로 있었다.

사마천은 친구인 임안에게 보내는 편지에서 자신이 이 책을 쓰는 이유는 한마디로 '젊은 날 마음속에 맹세한 것을 완성하지 못함이 원통해서이며, 이대로 죽어 버리면 내 문장이 후세에 남지 못하게 될 것을 안타깝게 여기기 때문'이라고 밝힌 바 있다.

그의 집필 목적 중 가장 큰 이유는 '역사를 기술해야만 하는 사명감' 때문이라고 필자는 결론 내렸다. 그 사명감 때문에 궁형이라는 수치와 모욕 속에서도 자살하지 않고 구차한 목숨을 이어 갔던 것이다.

남자의 상징물인 성기를 잘라 내는 거세형인 궁형을 받으면, 보통은 돈을 내어 면하거나 너무나 수치스러운 형벌이기에 아예 죽음을 선택한다. 하지만 사마천은 부자가 아니었기 때문에 돈을 대신 낼 수도 없었고, 그렇다고 자신이 젊은 날에 맹세했던 것을 포기할 수도 없었다. 결국 그는 죽기보다 더한 수치심으로 몸을 떨면서도 굴욕으로 얼룩진 수모를 참아 내며 마치 궁형에 항거라도 하듯, 〈사기〉를 피 흘리며 집필했다.

그러한 상황에서 책의 내용에 인간의 가벼움과 오만과 어리석음을 적나라하게 고발하는 내용이 적지 않은 것은 어쩌면 당연한 일이었을지 모른다. 무엇보다 그는 인간의 오만을 고발하기 위해 인간 존재의 가벼움을 견디어 냈던 고독한 지식인이었다.

사마천의 삶을 통해 독자들이 배워야 할 교훈은 그가 엄청난 일을 해냈다는 사실이 아니라 인간으로서 참아 내기 힘든 현실을 맞아 그것을 극복해 내고 자신의 삶을 의미와 가치 있는 삶으로 승화시켰다는 사실이다.

그의 선택과 결단은 다양한 시련과 역경을 겪어 나가야 하는 독자들이 부침이 심한 인생을 어떻게 해석하고 반응하고 어떤 선택을 해야 할 것인가에 대한 좋은 본보기가 되어 줄 것이다.

인간은 다른 사람의 화려한 주장과 이론이 아닌 다른 사람의 삶을 통해 더 많은 것을 배우고 교훈을 얻는다. 그런 점에서 역사서를 읽는다는 것은 그 어떤 자기계발서 독서 못지않은 자기계발의 방법이라고 필자는 생각한다.

역사 서적을 읽을 때 던져야 하는 질문들

과거는 현재를 통해서 바라보아야 하며, 개인은 절대 사회를 떠나서는 살 수 없는 존재이다. 그렇기 때문에 역사 서적을 읽는다는 것은 죽은 과거의 사실을 살펴본다는 것이 아니라 현재의 삶을 과거의 역사를 통해 통찰해 본다는 것을 의미한다. 그리고 그러한 일련의 과정의 무대가 되는 곳이 바로 사회라는 것과 사회는 하나의 생명체처럼 살아서 흘러 내려오고 있다는 사실을 간과해서는 안 된다.

이러한 사실을 토대로 고려해 볼 때, 역사 서적을 읽을 때 던져야 하는 가장 큰 질문은 '이 책에서 평가하는 역사적 사실과 그것에 대한 이 책의 저자인 역사가의 해석은 과연 현재의 나의 삶에 어떤 의미와 연결성이 있는 것인가?' 하는 것이어야 한다.

인간은 사회적 삶을 살아갈 때 가장 인간답다고 할 수 있다. 그리고 무엇보다 현재의 삶을 가장 잘 살아가기 위해 과거 누군가의 삶들을 통해 현재의 삶을 수정해 나갈 수 있다는 것은 매우 유익한 부분이라고 할 수 있을 것이다.

그런데 인간이 가진 것들 중에 가장 크게 인간을 파멸로 이끌고 망하게 하는 것이 있다. 바로 '오만'이다. 그래서 역사 서적을 읽을 때 가장 중요시하게 생각하고 질문을 던져야 하는 주제는 바로 '이 사람의 오만은 무엇인가? 그리고 이 사람의 오만은 이 사람에게 어떤 결과를 가져다주었는가?'라는 사실을 잊어서는 안 될 것이다. 또, 역사 서적을 그저 흥미 위주로 혹은 과거 사실에 대한 지식 충족의 도구로만 생각해서는 절대 안 될 것이다.

신봉승의 역사 바로 읽기 책인 〈역사란 무엇인가〉를 보면 기필코 후세에 전해야 하는 내용이 바로 권력을 가진 자나 재물을 탐하는 자들의 오만이라고 말하는 대목이 나온다.

> "권력을 가진 자의 오만이나 재물을 탐욕 하는 자의 오만은 역사를 기술하는 사람들에게는 기필코 후세에 전해야 하는 대상이 된다. 다시 반복되어서는 안 될 패덕이기 때문이다. 헤로도토스의 〈역사〉는 동서분쟁이라는 관점에서 클라이맥스라고 할 수 있는 페르시아 전쟁이 주된 내용이다. 그는 페르시아가 패망하게 된 원인을 크세르크세스의 오만 때문이라는 결론을 내렸다. 그리고 다음과 같은 뼈아픈 말을 남겼다. '신이 인간의 오만에 대해 보복할 것임을 믿었다.'"
>
> **_ 신봉승, 〈역사란 무엇인가〉, 20쪽**

독자들이 오만이라는 가장 치명적인 인간의 약점과 역사를 결부시켜서 질문해 나가야 하는 이유는 바로 그것이 실패한 역사의 원인 중 대부분을 차지하기 때문이라고 할 수 있다. 그런 점에서도 역사는 사계절의 순환처럼 자연적인 과정을 통해 저절로 반복되는 시간의 흐름이 아니라는 사실을 알 수 있다.

역사는 인간이라는 주체가 무엇인가의 원인을 제공하고, 그 결과로 나타나는 현상의 연속인 것이다. 그런 점에서 역사 서적을 읽을 때 반드시 던져야 하는 질문의 하나는 '역사적 사실을 통해 자신의 개인적인 역사를 이해하고, 서로 영향을 주고받으려는 투철한 의식'에 관한 것이어야 한다. 역사는 자신 개인의 역사와 역사적 사실을 이으려고 하는 개인의 투쟁과 노력을 통해 더욱더 다양하고 새롭게 해석되고, 인식될 수 있다. 그런 점에서 올바른 역사란 올바른 인식에서 비롯된다.

그렇기 때문에 올바른 인식을 하기 위해서는 스스로에게 '왜 이러한 역사적 사실이 일어났는지?', 그리고 '무엇을 이 역사적 사실을 통해 내가 배워야 하는 것인지?'라고 질문하고, 역사에 대한 인식을 확대해 나가는 일이 필요하다.

그럼 독자들이 한 개인으로서 역사 서적을 읽으며 이러한 질문을 해 얻는 것 중에 하나는 무엇일까?

그것은 어떤 인간이라도 한 개인의 삶 그 자체로는 온전해질 수 없는 시간과 공간적인 한계를 가지고 있기 때문에, 역사 서적을 통해 시간과 공간을 뛰어넘어 다양한 삶을 접하면서 좀 더 온전한 삶을 살아나갈 수 있게 된다는 점이다.

사회를 떠나 개인은 존재할 수 없듯, 사회를 떠난 역사 서적 또한 존재할 수 없다. 그런 점에서 역사 서적을 통해 얻는 것들 중 하나가 사회적 존재로서 어떻게 살아가야 할 것인가에 대한 궁극적인 해답의 실마리라는 점은 당연한 일이라 할 수 있다.

역사 서적은 모두 작가의 상상력의 산물이다!

역사적 사실, 역사적 사건과 역사는 다른 것이다. 역사에는 결국 역사가들, 역사 서적을 집필한 작가의 사상과 생각과 상상력이 반드시 결합되기 마련이고, 그로 인해 역사가 된다.

사실의 단순한 열거가 역사라고 할 수 없는 이유는 바로 이것이다. 모든 역사는 인간의 사고와 해석이 사실과 결합되었을 때 완성되는 것이라고 할 수 있다. 그런 점에서 모든 역사는 사실과 해석의 만남이라고 할 수 있다.

에드워드 H. 카는 자신의 저서인 〈역사란 무엇인가〉에서 '역사는 역사가의 경험'이라고 말했다.

"역사가의 마음속에서 과거를 재구성하는 것은 경험적인 증거에 의지하면서 행해집니다. 그러나 이 재구성 자체는 경험적 과정이 아니며, 사실의 단순한 열거로써 끝나는 것도 아닙니다. 오히려 재구성의 과정이 사실의 선택과 해석을 지배하는 것입니다. 바로 이것이야말로 사실을 역사적 사실로 만들어 놓는 것이지요. 영국의 역사가인 오크셔트 교수는 '역사는 역사가의 경험이다. 그것은 역사가만이 만든 것으로, 역사를 쓰는 것은 역사를 만드는 유일한 방법'이라고 말했습니다."

_에드워드 H. 카, 〈역사란 무엇인가〉, 39~40쪽

그렇기 때문에 그는 역사란 역사가와 사실 사이에서 끊임없이 이루어지는 상호작용의 과정이라고 말했다. 역사가는 현재에 존재하지만, 사실은 과거에 속해 있다. 그리고 시간을 초월하여 끊임없이 나눈 대화와 상호작용을 통해 서로에게 꼭 필요한 것들을 제공해 준다.

이것을 두고 에드워드 H. 카는 뿌리를 내릴 수 없는 식물에 비유했다. 즉, 사실을 획득하지 못한 역사가는 마치 뿌리를 내릴 수 없는 식물과 같아서 열매를 맺을 수도 없다는 것이다. 그리고 역사가가 존재하지 않을 경우 사실이란, 생명도 의미도 가치도 없는 죽은 역사가 된다는 것이다. 즉, 과거의 죽은 사실에 생명을 불어넣는 존재가 바로 역사가들인 것이다. 역사가들은 자신의 상상력을 토대로 하여 죽은 사실에 생명을 불어넣어 현재에서 되살아나게 하는 사람들이다.

역사란 현재의 역사가와 과거의 사실들이 끊임없이 소통하고 대화하면서 완성되고 만들어진다. 이러한 이유에서 역사 서적은 모두 작가적 상상력의 산물이라고도 할 수 있다. 그런 점에서 역사를 연구한다는 것은 결국 역사를 만든 역사가를 연구하는 것으로 이어진다. 역사가는 하나의 개인이면서 동시에 그가 사는 사회의 일원이고, 그 사회에 의해 형성되고 만들어진 사회의 산물이며, 동시에 의식적이건 무의식적이건 그 사회의 대변인인 것이다.

바로 이런 이유에서 역사를 연구하는 사람, 혹은 역사 서적을 읽는 독자라면 역사가를 중시해야만 한다고 에드워드 H. 카는 피력한다.

"나는 지난번 강연에서 이렇게 말했습니다. '역사를 연구하기 전에 역사가를 연구하십시오.' 지금은 이에 덧붙여서 다음과 같이 말씀드리고 싶습니다. '역사가를 연구하기 전에 역사가의 역사적, 사회적 환경을 연구하십시오'라고 말입니다. 역사가는 개인인 동시에 역사 및 사회의 산물입니다. 역사를 공부하는 사람은 이런 두 가지 의미에서 역사가를 중시해야 한다는 것을 모르면 안 됩니다."

_ 같은 책, 77~78쪽

그의 말처럼 역사를 공부하거나 역사 서적을 읽고자 하는 독자들은 반드시 이중의 시선으로 역사가를 투시하는 안목을 길러야 한다. 과거는 현재를 통해서 보아야 한다. 그리고 과거를 보기 위한 현재가 바로 역사가들을 관찰하는 일이다.

사회적 산물인 역사가는 자신이 살아가는 사회를 통해 과거 사실을 찾아내고 해석하면서 새로운 역사를 창조해 낸다. 이 모든 일들은 사회를 벗어나지 않는다. 그런 점에서 역사는 역사가가 사회라는 무대 위에서 독백을 나누면서 관객들에게 무엇인가를 말하고자 하는 것과 닮아 있다. 사회라는 무대 위에서 말하고자 하는 내용이 관객을 사로잡기 위해서는 정확한 사실에 근거하면서도 동시에 현재와 과거를 꿰뚫어 봄으로써 과거 사실을 통해 현재의 삶에 적용할 수 있는 교훈과 길잡이가 풍부해야 한다.

역사가의 가장 큰 의무는 죽어 버린 과거를 다시 살려 현재 속에 살아 있는 과거가 되게 하는 것이다. 그렇게 하기 위해 필요한 것이 상상력이며, 역사가만의 해석과 통찰력일 것이다.

인생에 반전이 필요하다면 인문학 독서가 답이다

지혜로운 인간을 배우다

_ 호메로스 <오디세이아>

"어떤 한 남자가 오랜 세월, 고향을 떠나 있었다. 해신(海神) 포세이돈이 감시를 늦추지 않아서 돌아오지 못하고 홀로 떠돌아다니고 있었다. 게다가 자기 집에서는, 그의 아내의 구혼자들에 의해서 재산은 낭비되고 아들은 모살(謀殺)당하려 하고 있었다. 고난의 폭풍 뒤에 돌아와서, 몇몇 사람에게 누구라는 것을 밝히고 인정을 받은 다음, 스스로 공격을 기도하여, 자기는 살아나고 적들을 멸망시켰다."

_ <아리스토텔레스 전집>

아리스토텔레스는 호메로스의 <오디세이아>를 위와 같이 요약했다. 그리고 이것이 '플롯의 정수'라고 말했다. 이 책은 오디세우스의 힘과 용기가 아닌 지혜를 잘 드러내는 책이다.

그의 지혜가 가장 잘 엿보이는 대목은 역시 외눈박이 식인 거인과의 모험담일 것이다. 그는 외눈박이 식인 거인인 폴리페모스에게 자신의 진귀한 술을 제공해 주어 가장 나중에 잡아먹히는 특권을 얻었다. 그뿐만 아니라 폴리페모스가 이름을 물었을 때도 가장 지략이 빛나는 대답을 한다. 그는 '아무도 아닌(Noman) 자'라고 자신을 소개한다.

나중에 오디세우스는 폴리페모스의 하나뿐인 눈을 찌르고, 도망간다. 그때 폴리페모스는 누가 그렇게 했는지를 묻는 다른 외눈박이 거인들에게 '아무도 아닌 자가 그랬다!'라고 고함을 쳤고, 바로 그 '아무도 아닌 자'라는 말 때문에 다른 외눈박이 거인들은 눈이 찔린 폴리페모스를 도와주지 않고 본체만체하게 된 것이다.

또 오디세우스의 지혜가 빛나는 대목 중의 하나는 자신의 아내에게 구혼한 구혼자들을 죽이는 대목이다.

> "지략이 뛰어난 오디세우스는 입고 있던 누더기를 벗고
> 활과 화살이 가득 든 화살통을 든 채 큰 문턱 위로
> 뛰어올라가 바로 그곳에서 자기 발 앞에 날랜 화살들을
> 쏟더니 구혼자들 사이에서 말했다.
> '이 무해한 시합은 이것으로 끝났다! 이제 나는 아직
> 어느 누구도 맞힌 적이 없는 다른 표적을 찾아낼까 한다.
> 혹시 내가 그것을 맞히면 아폴론이 내게 명성을 주실까 해서 말이다.'
> 그리고 오디세우스는 안티노오스에게 쓰라린 화살을 겨누었다.
> 그는 그때 막 손잡이가 둘 달린 아름다운 황금 잔을 들어올리려 했고
> 실제로 두 손으로 그것을 들고 포도주를 마시려 했다.
> 그는 살인이 일어나리라고는 꿈에도 생각지 않았던 것이다.
> 하긴 구혼자들 가운데 누가 생각이나 할 수 있었겠는가.
> 아무리 강력하기로 단 한 사람이 수많은 사람들 사이에서
> 그에게 사악한 죽음과 검은 죽음의 운명을 가져다주게 되리라고."

(22권, 1~14행)

오디세우스는 구혼자들이 생각지도 못한 방법으로 그들을 물리쳤다. 그는 힘과 용맹보다 지략이 더 뛰어난 인물이었다. 그래서 이 책을 읽을 때 무수히 많이 접하고 읽어야 할 문구가 바로 '지략이 뛰어난 오디세우스'라는 말이다. 이 책의 첫 문장은 다음과 같이 시작한다.

"들려주소서, 무사 여신이여! 트로이아의 신성한 도시를 파괴한 뒤 많이도 떠돌아다녔던 임기응변에 능한 그 사람의 이야기를."

여기서 '많이도 떠돌아다녔던 임기응변에 능한 그 사람'이 바로 이 책의 주인공인 오디세우스이다. 그가 임기응변에 능하고, 지략이 뛰어난 사람이란 걸 알 수 있는 대표적 일화가 하나 있는데, 그건 바로 '트로이의 목마' 전략을 꾸며 낸 자가 바로 '그'라는 사실이다.

그렇다면 호메로스의 〈오디세이아〉가 다른 서사시들에 비해 더 높이 평가받는 이유는 무엇일까? 그것은 이 서사시에 용맹스러운 영웅의 이야기에 조금 더 독창적인 요소가 가미되어 있고, 주인공의 속임수 같은 지략이 곳곳에서 빛을 발하기 때문이다. 그렇다면 이 서사시만의 독창성은 무엇일까? 그것은 환상적인 존재와의 만남, 마녀나 거인, 괴물과의 조우와 대결 등과 같은 요소라고 할 수 있다.

쿠바 태생의 이탈리아 소설가인 이탈로 칼비노는 〈오디세이아〉에 대해 자신의 저서인 〈왜 고전을 읽는가〉란 책에서 이렇게 말한 적이 있다.

"따라서 〈오디세이아〉의 독창성은 오디세우스와 같은 서사시의 주인공을 '마녀나 거인, 괴물과 연을 먹는 사람들'과 대결하게 만든 데 있다고 할 수 있다. 그리고 이것은 전설과 같은 보다 오래된 종류의 이야기에 나오는 상황이며, 그 뿌리는 '고대 민담과 원시적인 마술과 샤먼들의 세계'에 있다."

_ 이탈로 칼비노, 〈오디세이아〉, 31쪽

호메로스는 〈오디세이아〉를 통해 우리에게 무엇을 말하고 싶었던 것일까? 우리는 이 작품을 통해 무엇을 생각해야 하고, 무엇을 배워야 하고, 무엇을 느껴야 하는 것일까?

한 가지 확실한 사실은 호메로스는 자신의 독자와 청중들을 신화 속의 꿈의 세계로 이끌고 간다. 그러면서도 동시에 이 꿈의 세계는 우리 모두가 눈앞에 맞닥뜨리면서도 피할 수 없이 매몰되는 현실 세계를 비추는 거울이 되어, 우리 모두에게 어떻게 살아갈 것인지, 무엇을 선택할 것인지, 어떻게 유혹과 공포를 이겨낼 것인지, 어떻게 거인과 같은 세상을 헤쳐 나가면서 살아갈 것인지에 대한 질문을 던지고 그 답을 말해 준다.

이 작품은 트로이가 몰락한 뒤 오디세우스가 고향으로 귀환하는 10년 동안의 귀환 이야기이다. 그 과정에서 주인공은 퀴클로페스에게 부하들을 잃고 외눈박이 거인 폴리페모스와 지략과 용기의 한판 대결을 벌이고, 마녀 키르케의 유혹에 발이 묶여 1년을 보내고, 요정 칼립소에 의해 7년 동안 억류당하고, 세이렌의 유혹의 노래를 돌파하고, 바다 괴물 스킬라와 카립디스 사이에서 최선의 선택을 통해 헤쳐 나오는 수많은 모험과 도전을 하며, 여러 가지 난관과 위험에 봉착한다. 하지만 주인공은 한순간도 그 일들에 굴복하거나 물러서지 않았으며, 자신이 가야 할 길을 포기하지 않았다.

또한 트로이 전쟁을 포함해서 20년 만에 고향에 돌아온 그는 자신의 왕국과 아내 페넬로페를 구혼자 무리로부터 활쏘기 시합이라는 지략을 통해 구해 낸다. 트로이 전쟁 때 트로이 목마를 만들어 승리를 거두었다면 이번에는 활쏘기 시합이 바로 트로이 목마 역할을 했던 것이다.

그리고 100여 명의 귀족들이 오디세우스가 전쟁에서 죽었을 것이라고 생각하고 왕의 자리와 왕비를 탐하여 그의 아내 페넬로페를 수시로 찾아와 구혼하며 그녀를 괴롭혔을 때, 그녀는 자신의 남편인 오디세우스가 지략을 통해 그 많은 장애물을 극복해 낸 것처럼 한 가지 지략을 사용하여 남편이 돌아올 때까지 버티어 냈다.

그것이 바로 유명한 '페넬로페의 베 짜기'이다. 그녀는 수많은 구혼자에게 자신의 시아버지인 라에르테스의 수의를 다 짠 후에 그들 중 한 명을 택하여 결혼하겠다고 선언한 후, 낮에는 베를 짜고 밤에는 다시 그것을 풀면서 시간을 끌었다. 결국 '페넬로페의 베 짜기'는 '아무리 해도 끝이 없는 일'의 대명사가 되었다. 한편으로는 한 명의 남편만을 끝까지 기다린다는 '여자의 정조'를 의미하게도 되었다.

20년 만에 귀향한 오디세우스는 거지 행세를 하고 자신의 충복이었던 돼지치기 에우마이오스를 찾아가고, 에우마이오스는 처음에는 오디세우스를 알아보지 못한다.

바로 그 유명한 장면을 살펴보자.

> "그러자 오디세우스는 돼지치기가 자기를 맞아 주는 것이 기뻐서 이렇게 말했다.
>
> '주인장! 그대가 나를 기꺼이 맞아 주시니 제우스와 다른 불사신들께서 그대의 간절한 소원을 이루어 주시기를!' 돼지치기 에우마이오스여, 그대는 그에게 이렇게 대답했도다.
>
> '나그네여! 그대보다 못한 사람이 온다 해도 나그네를 업신여기는 것은 도리가 아니지요. 모든 나그네와 걸인은 제우스에게서 온다니까요. 우리 같은 사람들의 보시는 적지만 소중한 것이오.'"

그를 알아보지 못한 것은 에우마이오스뿐만이 아니었다. 20년 동안 집을 떠나 있었기에 어른으로 성장해 버린 그의 아들 텔레마코스도 처음에는 거지가 누구인지 알아보지 못했다. 하지만 아테나 여신의 도움으로 거지가 아버지임을 알고 뛸 듯이 기뻐한다.

오디세우스는 혼자서 수많은 구혼자들을 물리치기 위해 활쏘기 시합을 개최하게 만든다. 페넬로페는 그 과정에서 승리하는 자에게 결혼을 승낙하겠다고 공포하면서, 결과에 승복하지 않는 자들의 싸움을 대비한다는 구실로 모든 구혼자들의 무기를 거두어들인다.

오디세우스는 무방비 상태의 구혼자들을 상대로 그들을 하나씩 물리치고 다시 왕으로 복귀한다.

제5장

철학을
탐하다

"철학서는 세계를 어떻게 바라볼 것인가 하는 문제,
즉 인간의 세계관을 가장 직접적으로 다루는 책이다.
그리고 세계가 어떤 과정을 통해 인간에게 해석되는지도
문제삼는다. 밖으로는 세계를 대상화하고
안으로는 자신의 인지 과정을 대상화하여 관찰하는 학문이 바로 철학이다.
그래서 철학서를 읽은 사람은 '나는 이렇게 생각한다'는 것을 뛰어넘어
'내가 이렇게 생각하는 이유는 무엇일까?' 하고 자문하게 된다.
철학서는 '자신이 생각하는 것에 대해 생각하게 하는 책'이다.
철학이 인간에게 고도의 통찰력을 갖추게 하는 요인이 바로 여기에 있다."

_ 박민영, 〈책 읽는 책〉, 263쪽

철학이란 무엇이며 철학서는 어떤 책인가?

철학이란 과연 무엇일까?

이 질문에 필자는 한마디로 철학은 지혜를 탐하는 학문이라고 말하고 싶다. 철학이란 말에는 '지혜를 사랑하는 것', '지식을 좋아하는 것'이라는 의미가 담겨 있다. 그리스어로 철학은 'Philosophia'인데, 여기서 'philo'는 '무엇인가를 좋아한다' 혹은 '무엇인가를 사랑한다'를 의미한다. 'sophia'는 '지혜'나 '지식'을 의미한다.

이 두 가지를 합친 글자인 철학의 의미는 당연히 '지혜나 지식을 사랑하고 좋아하는 것'이다. 어원적인 해석을 근거로 한마디로 철학을 표현하면, '지혜를 사랑하는 학문'이다.

무엇인가를 좋아하고 사랑하면 갈망하고, 탐하게 된다. 즉, 철학자들은 지식과 지혜를 사랑하는 사람이고, 그러한 사랑으로 인해 지식과 지혜를 평생 갈망하고, 탐구하는 사람인 것이다. 즉, 철학자는 '지혜와 지식을 갈구하는 자'이며, 철학은 '지혜와 지식을 탐하는 분야'이다.

그런데 철학자들이 지혜와 지식을 탐하기 위해 가장 걸림돌이 되었던 건 오랫동안 인류의 사고를 지배해 왔던 신화적 사고(Mythos)에서 벗어나는 것이었다.

기원전 6세기 그리스의 철인 탈레스(Thales)를 철학의 아버지라고 부르는 이유는 신화적 사고에서 벗어난 최초의 질문과 사고를 한 사람

인생에 반전이 필요하다면 인문학 독서가 답이다

이 바로 그이기 때문이다. 그가 던진 질문과 사고는 '세계를 이루는 가장 근원적 존재는 무엇인가?'라는 것이었고, 이러한 질문에 그는 '그것은 바로 물이다'라고 대답했던 것이다.

이처럼 인간은 태어나면서부터 무엇인가를 알고 싶어 하고, 그것이 바로 철학의 밑바탕이 되어 주었다. 하지만 근대에 들어와서 인간은 이성적 존재이고, 생각하는 갈대 같은 존재라는 사실에 눈을 뜨기 시작했다.

근대의 이성적 인간관을 확립한 이는 '나는 생각한다. 고로 나는 존재한다'라는 유명한 명제를 세운 데카르트(Descartes)였다. 데카르트가 확립한 이성적 인간관은 파스칼과 헤겔을 통해 더욱더 발전되고 완성되었다. 그래서 결론적으로 이 세상의 제도와 이념과 문화 등이 모두 인간의 이성에 의해서 만들어진 이성의 산물이라는 결론에 도달하게 되었다.

인간을 이성적 존재라고 여기게 된 근대부터 인간을 중심에 두는 '휴머니즘(Humanism)'이 인류 사고의 중심으로 부상했다. 휴머니즘이라는 인간 중심의 가치관을 토대로 하여 근대 철학자들은 지식과 지혜를 탐구하기 시작했다.

이처럼 철학자들은 우리가 사는 세상과 그 세상을 살아가는 인간의 근원을 탐구하기 위해 여러 가지 질문을 던졌다. 그리고 그러한 질문은 세상을 어떻게 바라보고 어떤 삶을 살아야 하는지를 결정하고 선택하기 위한 토대가 되어 주었다. 이 철학자들의 탐구 내용과 과정, 결과가 모두 담긴 것이 바로 철학서인 것이다.

철학서는 삶과 인간에 대한 올바른 정답을 알려 주는 책이 아니라, 우리가 그것들에 대해서 올바른 정답을 찾도록 우리의 사고 능력을 발전시켜 주는 책이다. 또한 독자들로 하여금 위대한 철학자들을 만나서 소통하고 대화하게 해주어 삶의 내용을 풍성하게 해주고, 삶의 품격을 더해 주는 책이라고 할 수 있다. 그런 점에서 사람이 살아가는 데 꼭 필요한 책이라고도 말할 수 있다.

철학은 또한 삶과 인간에 대한 학문이기에 인간답게 살게 해주는 학문인 동시에 인간답게 죽기 위한 죽음을 준비하는 학문이라고도 할 수 있다. 올바르게 후회 없이 잘 살아야 죽음을 두려움 없이 맞이할 수 있기 때문이다.

책 〈인문학 강의〉를 보면 철학에 대해 학문을 통해 구체적으로 잘 표현한 대목이 나온다.

"철학이라는 건축물은 형이상학과 인식론을 주축으로 하고, 이를 논리학과 윤리학, 미학이 세 발로 바치고 있는 형국이다. 윤리학은 철학에서 중요한 위치를 점유하고 있다.

조선시대 천자문을 떼고 난 후 처음으로 읽는 책이 〈동몽선습〉인데 이 책은 '사람이 천상천하에서 가장 존귀한 존재인데 그 이유는 인간이 윤리적이기 때문'이라는 말로 시작된다. 근대 독일의 철학자 칸트는 〈실천이성비판〉에서 '생각하면 할수록 나를 놀라게 하는 것이 둘 있으니, 하나는 밤하늘에

반짝이는 별들이고, 다른 하나는 나의 마음에서 울려 나오는 양심의 소리'
라고 하였다. 우주에 질서가 있다는 사실과 인간이 윤리적 존재라는 것은
놀라운 일이 아닐 수 없다는 것이다."

_박민영, <인문학 강의>, 143쪽>

이 대목을 보면 철학이란 여러 가지 학문에 의해 구축된 하나의 종
합 학문이 아닐까라는 생각까지 든다. 그중에서도 윤리학이 철학을 구
축하는 학문 중에서도 가장 중요한 학문이라는 사실을 알 수 있다. 그
것은 바로 윤리학이 인간을 인간답게 살게 해주고, 천상천하에서 가장
존귀한 존재로 만들어 주기 때문이다.

윤리학을 최초로 학문적으로 발전시키고 체계화한 인물이 바로 아
리스토텔레스이다. 우리는 그의 <니코마코스 윤리학>에 대해서도 뒤에
서 살펴볼 것이다. 윤리학과 미학과 논리학 등을 바탕으로 한 철학은
인간을 인간답게 살게 해줄 뿐만 아니라 인간이 살아가는 사회를 공정
한 사회로 만들어 주는 학문이다.

만인을 위한 철학 책

_ 니체 <차라투스트라는 이렇게 말했다>

"이 책이 말하고자 하는 것은 각자를, 만인을 위한 것이다. 그러나 어느 누구도 있는 그대로의 자기로서는, 다시 말하면 미리 그리고 동시에 변화하지 않는 한 결코 참되게 이 책을 읽을 권리를 갖지 못한다. 곧 이 책은 있는 그대로의 우리를, 만인 중의 어느 누구를 위한 책도 아니다. 만인을 위한, 그리고 어느 누구를 위한 것도 아닌 책, 따라서 결코 직접적으로 읽을 수 없고, 또 그것이 허용되지 않는 책이다."

독일의 실존주의 철학자 하이데거(Heidegger)는 자신의 저서인 〈니체〉에서 이렇게 말하면서, 니체(Nietzsche)를 플라톤 못지않은 서양의 위대한 형이상학자로 격상시켰다. 그는 또한 기존의 모든 니체 해석을 뛰어넘어 니체 철학을 보는 새로운 지평을 연 주인공이기도 하다.

그가 1960년대에 니체 철학을 '진실된 가치의 문제'를 다룬 형이상학이라고 이전과는 다르게 평가 내린 후부터는 니체는 '실존주의'의 선구자로 새롭게 평가되기 시작했다. 물론 누군가가 또 다른 해석과 시각으로 평가한다면 그의 위상도 또 한 번 달라질지 모른다. 하지만 분명한 사실은 그는 20세기 이후 세상에 가장 많은 영향을 미친 철학자 가운데 한 명이며, 그의 대표작인 〈차라투스트라는 이렇게 말했다〉는 불멸의 고전이라는 점이다.

니체는 자신의 자서전인 〈이 사람을 보라〉에서 이 책에 대해 이렇게 말하기도 한다.

"내 저서 중에서 〈차라투스트라는 이렇게 말했다〉는 특별한 것이다. 나는 이 저서로 지금까지 인간이 받은 선물 중에서 가장 위대한 것을 선사한 것과 같다. 수천 년에 걸쳐 가슴을 울려 줄 소리를 가진 이 책은 세계의 최고의 책이며 정녕 준령(峻嶺)의 분위기를 가진 책이다."

공자의 어록을 모은 〈논어〉가 위대한 고전의 반열에 오른 것처럼 이 책 또한 위대한 고전의 반열에 올랐다. 그리고 이 말은 니체가 살아 있는 동안 그가 받은 보잘것없는 명성과 인기를 고려한다면 대단히 담대한 주장이기도 하다.

그가 이 책의 제4부를 집필한 후 출판사를 찾지 못해 7여 년 동안 빛을 보지 못한 후, 40부를 자비로 출판했을 정도로 그는 당시에 제대로 평가받지 못했던 인물이었다. 그의 삶도 순탄하지 않았다. 운명적인 사랑을 느낀 여성에게 결혼을 청했지만 거절당한 후 실연의 괴로움으로 세 번이나 자살을 기도했다.

공자와 니체는 두 가지 닮은 점이 있다. 첫 번째는 두 사람 모두 살아 생전에는 세상에서 그렇게 높은 평가를 받지 못했을 뿐만 아니라 현실적인 의미의 성공과는 거리가 먼 사람들이었다는 점이다. 두 번째는 그들의 대표작에 속하는 책들이 모두 그 이전 책들의 정형화된 형식에서 탈피한 책이었다는 점이다.

니체의 이 책에 대해 실존 철학의 거두인 카를 야스퍼스(Karl Jaspers)는 '이 책은 니체의 주저로 생각되지만, 지금까지의 어떠한 전형에도 어울리지 않는 독특한 형식을 갖고 있다. 이것은 문학인 동시에 예언이며 철학이지만, 이러한 형식 어느 것에도 적중하는 것은 아니다'라 했다.

공자의 〈논어〉 역시 문학인 동시에 예언이라 할 수 있고, 그의 사상이 담겨 있으므로 철학이라고도 할 수 있지만 그 어떤 것도 아닌 독특한 형식의 책이다. 형식뿐만 아니라 구성에서 이 두 책은 매우 비슷하다. 니체의 책이 앞과 뒷부분을 제외하고 책의 대부분이 일견 아무런 전후 관련이 없는 듯 독립된 장으로 구성되어 있는 것처럼 공자의 책도 각각 제각각으로 그 어떤 연결이나 흐름 없이 구성되어 있다.

이 책 〈차라투스트라는 이렇게 말했다〉의 부제, '모두를 위한, 그러면서도 그 어느 누구를 위한 것도 아닌 책'에서도 알 수 있듯이, 이 책은 만인이 반드시 읽어야만 할 참된 철학서이면서 동시에 현실적으로 아무도 이해하지 못할 책이다. 그렇다면 이토록 묘한 분위기를 풍기고, 제목조차 비범한 이 책의 내용은 무엇이고, 왜 니체는 이 책을 집필하였을까? 그리고 궁극적으로 니체가 하고 싶은 말, 전달하고자 했던 말은 무엇일까?

"우리는 가장 사소하고, 가장 일상적인 것에서 시작하는 우리 삶의 시인이고자 한다."

니체가 〈즐거운 학문〉에서 한 이 말이 이 모든 질문에 대한 궁금증을 해결하는 실마리가 되어 줄 것 같다. 그는 우리 모두가 자신의 삶의 예술가가 되어 새로운 삶을 창조해 나가야 한다고 말한다. 그렇게 하기 위해서는 기존의 것들에서 벗어날 수 있어야 한다. 그런데 기존의 것들을 대표하는 것이 그 당시에 지배적이었던 사상의 토대가 된 '유신론', 즉 신이었던 것이다.

결국 니체가 '신은 죽었다'라고 말한 이유를 다른 말로 풀면, '자신을 구속하고 억압하던 모든 기존의 관념과 관습에서 벗어나 창조적으로 새로운 자신을 만들어 가라'는 것과 똑같은 의미라고 생각해 볼 수 있다. 하지만 '신이 죽은 진짜 이유'는 따로 있다. 그 진짜 이유는 제일 마지막에 다시 거론하기로 하자.

어쨌든 니체는 끊임없이 자기 극복의 초인(超人, 위버멘쉬) 사상에 대해 이야기한다. 또한 명실공히 니체의 대표작인 이 책의 제1부 핵심 사상도 바로 이것, '초인 사상'이다. 니체에게 있어 인간이란 아직 아무것도 확정되지 않은 인간, 즉 과도적 존재이다. 그래서 니체는 '인간은 자신을 뛰어넘어야 할 그 무엇'이라고 말하기도 했다.

니체의 이 책을 읽으면서 우리가 반드시 명심해야 할 것은 '우리가 우리 자신을 어떻게 하면 최고의 존재, 최고의 예술 작품으로 만들 수 있을까? 어떻게 하면 우리가 최고의 예술가가 될 수 있을까?'라는 의문을 끊임없이 던져야 한다는 것이다.

그렇다면 도대체 차라투스트라는 누구인가? 그는 한마디로 가상의 인물이다. 그리고 그의 이름인 차라투스트라는 고대 페르시아의 고대 종교인 '조로아스터교'의 창시자이고 예언자였던 조로아스터(Zoroaster)의 이름에서 따온 것이다. 조로아스터의 영어식 이름이 바로 차라투스트라(Zarathustra)이다.

니체가 만든 이 가상 인물인 차라투스트라가 서른 살이 되었을 때 산속으로 들어가 10년간 고독한 생활을 보내다가 40세가 되어 산에서 내려오는 장면에서부터 이 책은 시작한다.

> "차라투스트라가 서른 살이 되었을 때, 그는 고의 고향과 고향의 호수를 떠나 산속으로 들어갔다. 여기서 그는 스스로의 정신과 고독을 누렸으며, 그렇게 보낸 10년 동안 조금도 지루함을 느끼지 않았다. 그런데 마침내 그의 심정에 변화가 일어났다. …
>
> 보라! 너무 많은 꿀을 모은 꿀벌이 그러하듯이, 나는 나의 넘치는 지혜에 지쳤다. 내게는 그 지혜를 갈구하며 내미는 손들이 필요하다. 나는 베풀어주고 싶고 나눠주고 싶다. 사람들 중에서 현명한 자들이 다시 한 번 그들의 어리석음을 깨달아 기뻐하고, 가난한 자들이 다시 한 번 그들의 넉넉함에 대해 기뻐할 때까지. 그러기 위해서 나는 저 깊은 밑바닥으로 내려가야 한다. … ─이리하여 차라투스트라의 하강은 시작되었다."
>
> _ 니체, <차라투스트라는 이렇게 말했다>, 11~13쪽

이렇게 산에서 내려오다가 그는 갑자기 한 노인을 만나서 몇 마디 말을 한 후에 헤어지고 나서 이렇게 말한다.

> "도대체 이런 일이 있을 수 있을까! 저 늙은 성자는 숲속에 살면서 아직도 이것을 전혀 듣지 못했구나. '신(神)은 죽었다'는 사실을!"
>
> _같은 책, 16쪽

이 부분부터 이 책 전체에 깊게 퍼져 있는 허무주의, 니힐리즘(Nihilismus)이 본격적으로 시작된다고 볼 수 있다. 차라투스트라는 가장 가까운 도시에 이르러, 그곳의 시장에 모인 많은 군중을 향해 이렇게 말한다.

> "나는 그대들에게 초인을 가르치노라. 인간은 극복되어야만 할 그 무엇이다. 그대들은 인간을 극복하기 위해 무엇을 했는가? 지금까지 모든 존재자는 자신을 넘어서는 무엇인가를 창조해 왔다. 그런데 그대들은, 이 위대한 조수(潮水)의 썰물이 되어 인간을 넘어서기보다는 오히려 동물로 되돌아가기를 바라는가?"
>
> _같은 책, 16쪽

이제 드디어 이 책의 핵심 사상인 초인 사상이 등장한다. 니체는 이 책의 초반부터 마지막까지 인간은 극복되어야 할 그 무엇이라고 강조하며 그렇게 하기 위해 무엇인가를 끊임없이 해야 한다고 말한다. 그리고 그 무엇인가는 바로 자신의 재창조인 것이다.

그렇다면 우리는 왜 해야 하는 것일까? 차라투스트라에 따르면 바로 우리를 창조해 준 신이 죽었기 때문이다. 또한 우리 인간은 왜 허무한 것인가? 그것도 신이 죽었기 때문이다. 우리는 왜 살아가야 하는가? 역시 '신이 죽었기 때문'이라고 답할 수 있다.

그렇다면 결국엔 '인간은 무엇인가?'라는 질문에 도달한다. 이러한 질문에 니체는 책을 통해 말한다.

> "인간은 동물과 초인 사이에 놓인 하나의 밧줄, 심연 위에 매어진 하나의 밧줄이다."
>
> **_같은 책, 20쪽**

그리고 또 이어서 인간에 대해 말한다.

> "인간의 위대성은, 인간이 하나의 다리일 뿐 목적이 아니라는 데 있다. 인간이 사랑스러울 수 있는 것은, 인간이 하나의 과정(科程)이며 몰락(沒落)이라는 데 있다."
>
> **_같은 책, 20쪽**

이러한 말들을 통해 니체가 의미를 부여하는 인간은 '과정'이고 '밧줄'이고 '다리'라는 사실을 알 수 있다. 이러한 말들이 이끄는 개념은 모두 '시도'와 '도전'이며, '몰락'과 '그것에 대한 극복'이기 때문이다.

니체에게 있어 인간은 '하나의 시도'이다. 그리고 그러한 시도는 새로운 자신을 창조해 나가는 것이고, 그렇게 하기 위해서는 자신을 파괴해야 한다. 인간은 거듭나기 위해 먼저 자신을 스스로 불에 태워 재가 되어야 한다. 또한 우리의 일상은 허무하고 그래서 몰락이 필연적이긴 하지만, 그것조차 극복해 나가기 위해 시도하며 자신의 삶을 스스로 선택하고 개척해 나가야 한다. 그렇게 극복해 나갈 수 있는 존재가 인간이기에 또한 인간은 위대하며, 인간의 위대성이 바로 그러한 본성들 속에 숨어 있다는 것이다.

인간은 '동물과 초인 사이에 놓인 밧줄'이라고 그가 말한 것은 동물에서 초인으로 변화되어 가는 과정이 바로 인간이기 때문이다. 그래서 인간은 과정이고, 시도이고, 다리다. 그렇게 하다 보면 당연히 몰락하고, 파괴된다. 하지만 또다시 시도하고 도전하며 극복해 나간다. 그래서 몰락은 인간 그 자체이며, 필연적인 인간의 실존이기도 하다.

새로운 자신을 창조해 나가기 위해 필연적으로 몰락하며 모든 허무를 극복해 나가는 것이 바로 인간이다. 몰락이 없다면 도약도 없다. 또한 도약이 없다면 몰락도 없다. 결국 반복되는 것이다. 이러한 상황을 토대로 니체는 우리 인간은 불가피하게 회귀한다고 정의한다.

그리고 이것이 바로 '영원 회귀 사상'으로 정립된다. 허무주의의 극한적인 형태로, 인생은 있는 그대로의 모습으로 의미도 없이, 목표도 없이, 끝도 없이 흐르며, 부단한 시도와 도전은 결국 도덕의 자기 초극을 이루어내는 초인을 향해 나아가는 끝없이 반복되는 과정이다.

이러한 확정되지 않은 인간과 인생이므로 우리는 허무하고 의미 없는 존재이고 몰락을 반복하는 존재임에도 삶의 한 순간일망정 한없이 충실하게 살고자하는 것, 살아내는 것! 바로 이것이 극단적인 허무주의와 불확실한 삶을 초월하는 삶의 최고의 긍정의 상태인 것이다.

하이데거가 최고의 허무주의를 노래한 니체를 인간 주체성의 최후의 확립자라고 여긴 토대는 '실존은 본질에 선행한다'라는 하이데거의 명제와 니체의 사상에 부합점이 있다고 생각할 수 있기 때문이다. 실존은 결국 초인과 같은 의미일 수 있다. 현대 철학의 주류를 이루는 실존 철학을 니체와 떼어놓고 생각할 수 없는 이유가 바로 여기에 있다.

이 책은 10년 동안 산속에서 고독한 생활을 하다가 세상 사람에게 자신이 깨달은 사상을 전해주기 위해 하산했지만, 세상 사람의 조롱과 배척에 다시 산으로 올라와 동굴 생활을 하던 주인공이 보다 높은 일곱 명의 인간을 만나고, 그들을 동정하는 것이 자신이 초극해야 하는 하나의 유혹이며 시련이라는 사실을 깨닫고, 그 시련을 이겨내고 동굴을 떠나게 된다는 단순한 줄거리를 통해 니체 자신의 사상을 다 말해 준다.

이 책에 소개된 차라투스트라의 마지막 시련이며, 유혹이 무엇인가? 바로 동정(同情)이었다. 그렇다면 왜 동정이었을까? 우리가 이 부분에 주목해야 하는 이유는 이것이 이 책의 제일 마지막 이야기이기 때문만은 아니다. 이 책의 내용을 한마디로 꿰뚫는 중요한 단서가 바로 '동정'이라는 말이기도 하기 때문이다.

> "동정(同情)이다! 더 높은 인간들에 대한 동정이다." 그는 소리쳤고, 그의 얼굴은 청동으로 변했다. 좋다! 그것도 끝이 났다!
> 나의 고뇌와 나의 동정 그것이 무슨 상관이 있는가! 도대체 나는 행복에 뜻을 두고 있는가? 나는 나의 과업에 뜻을 두고 있다!
>
> **_같은 책, 495쪽**

이 책의 가장 마지막 부분에 나오는 이 말을 보면, 차라투스트라는 자신의 행복보다는 자신의 과업에 뜻을 두고 있다고 말하면서, 타인에 대한 동정을 멈춘다. 그렇게 해야 초인이 될 수 있기 때문이다. 그에게 있어 초인이 되어 간다는 것은 살아간다는 것을 의미하기 때문이다.

여기서 우리는 또 다른 질문을 던져야 한다. 그것은 이 책의 맨 처음에 차라투스트라가 하산하면서 노인과의 만남 이후 내뱉은 말인 '신은 죽었다'는 말에 대한 의문이다. 왜 신은 죽었다고 차라투스트라가 '그렇게' 말했느냐 하는 것이다. 왜! 차라투스트라는 '신은 죽었다'고 생각했고, 말했을까? 혹은 왜 신은 죽었을까? 이 책을 꼼꼼히 읽은 사람은 이 질문의 답을 이미 알고 있을 것이다.

> "일찍이 악마가 나에게 이렇게 말했다. '신(神)조차도 자신의 지옥이 있다. 그것은 인간들에 대한 신의 사랑이다.'
>
> 그리고 얼마 전에 나는 악마가 이렇게 말하는 것을 들었다. '신은 죽었다. 인간들에 대한 동정 때문에 신은 죽었다.'"
>
> **_같은 책, 136쪽**

우리가 이 책을 제대로 읽었다면, 니체가 이 책을 통해 한 말 '신은 죽었다'의 정확한 의미나 그 이유를 정확히 인식하거나 최소한으로나마 인식할 수 있어야 한다. 많은 사람이 막연하게 '신은 죽었다'라는 것에 대한 너무나 다양한 그리고 다른 개념을 가지고 있기에 이 책을 아무리 읽어도 제대로 된 니체와 만나 소통하지 못하는 경우가 많다.

누군가가 죽었다면 그것은 자살이거나 타살일 것이다. 그렇다면 니체가 말한 '신이 죽었다'에서 그 죽음은 자살인가 타살인가? 여기에 대해 니체는 자신의 다른 저서인 〈즐거운 학문〉에서 이렇게 말한다.

"신이 어디로 갔느냐고? 너희에게 그것을 말해 주겠노라! 우리가 신을 죽였다. 너희들과 내가! 우리 모두가 신을 죽인 살인자다!"

그렇다면 그러한 사건이 벌어진 장소는 어디였을까? 니체는 자신의 다른 저서인 〈안티크리스트〉에서 이렇게 말한다.

"'그리스도교'라는 말 자체가 벌써 오해이다. 근본적으로는 오직 한 사람의 그리스도교인이 존재했었는데, 그는 십자가에서 죽었다."

그렇다. 바로 십자가인 것이다.

우리는 니체의 책을 읽을 때, 그가 '신이 죽었다'라고 할 때, 반드시 기억해야 한다. 그것은 '인간들의 동정 때문에, 신이 십자가에서 죽었다. 그리고 그렇게 한 사람들은 너희들과 나, 즉 우리들이다'라는 긴 문장의 앞과 뒤를 다 생략하고, 그가 그저 '신이 죽었다'라고 말한다는 사실이다.

위 부분을 토대로 보면, '신이 죽었고, 그 이유는 인간들에 대한 동정 때문에, 즉 인간들을 위해서, 죽었다'는 것이다. 실제로 기독교에서는 신(神)인 예수가 인간들을 구원하기 위해, 인간들에 대한 동정 때문에 십자가에 못 박혀 죽었다. 그리고 니체가 이 대목에서 말한 신은 정확하게 기독교의 신을 의미한다.

니체가 자신의 이 작품을 두고 '최고의 책', '가장 심오한 책으로서 진리의 가장 깊숙한 보고에서 탄생한 책', '제5의 복음서', '미래의 성서'라고 불렀다는 사실을 우리가 망각해서는 안 되는 이유가 여기에 있다. 우리는 이 대목을 주목해야 한다. 그리고 이러한 신이 죽은 이유를 제대로 인식하면 '신이 죽었다'라는 니체의 말을 또 다른 각도에서, 심지어는 전혀 다른 각도에서 생각할 수 있고, 그 결과 이 책을 읽고 난 후 전혀 다른 사상과 사유의 확장을 경험할 수 있게 된다.

이 책의 마지막 부분에서 그가 동정을 유혹과 시련이라고 여기고 그것을 극복할 때, 즉 타인에 대한 동정을 멈출 때, 자신이 원하는 초인으로 나아갈 수 있었다는 사실은 결국 자신은 인간에 대한 동정 때문에 죽음을 선택한 신과는 다른 삶을 살겠다는 것을 의미한다고 해석할 수 있다. 하지만 이 대목의 신이 아닌 다른 부분에 있어서 니체가 하나의 신만을 이야기하지는 않는다는 사실도 우리는 알아야 한다. 그의 저작 중 하나인 〈즐거운 학문〉에서 우리는 그가 말하는 신이 특정한 종교를 공격하려는 의미에서 나온 것은 아니라는 사실도 엿볼 수 있다.

"사람들은 부처가 죽은 후에도 수세기 동안 그의 그림자를 동굴에서 보여 주었다. 거대하고 무시무시한 그림자를, 신은 죽었다. 그러나 인간이 지금 상태에서 변하지 않는다면, 아마도 신의 그림자가 떠도는 동굴들은 수천 년 동안 계속해서 존재할 것이다. 우리는 그의 그림자 역시 정복해야만 한다.”

니체가 말하는 '신은 죽었다'라는 말은 단순한 종교적 공격이나 논박도 아니며, 신을 부정하는 말은 더더욱 아니며, 다양한 해석과 의미가 포함된 말이라는 사실을 우리는 이해해야 할 것이다. 인문학 독서란 바로 이런 것이다. 그 어떤 정답도, 그 어떤 지도도, 그 어떤 하나뿐인 해석도 정해져 있지 않다. 자기 자신이 스스로 그 정답을 찾아내고, 지도를 만들어 가야 하는 것이다. 세상의 모든 사람 또는 권위자들이 이런 식으로 해석했다 해도, 자기 자신만의 또 다른 해석을 할 수 있어야 한다. 그렇게 하기 위해서 타인의 해석을 참조할 필요는 있지만, 그것에 완전하게 동의할 그 어떤 의무도 구속도 없는 것이다.

다른 것이 있을 뿐, 틀린 것은 존재할 수 없는 세계가 바로 인문학 독서의 세계이다. 다른 삶이 존재할 뿐, 성공했거나 실패했다고 말하는 삶들조차도 기준이 달라지면 평가가 달라지듯, 틀린 삶이라고 말할 삶도 존재하지 않을뿐더러, 만약에 존재한다고 해도 패러다임이 바뀌면 얼마든지 틀리지 않은 삶이 될 수 있음을 우리는 생각해 보아야 한다.

더 중요한 사실은 인문학 독서를 통해 남과 다른 자신만의 사상을 만들고 구축해 나가는 것은 인생을 주체적으로 살아가도록 해주는 토대가 된다는 사실이다.

작품을 읽으면서 우리가 가장 조심해야 할 것은 해당 작품은 결국 '어느 누구의 것도 아닌 당신만의 것'이라는 사실이다. 그리고 그렇게 당신만의 것으로 만들기 위해 당신은 엄청난 노력을 해야 하고, 자신을 넘어서는 일이 필요하다. 니체가 이 책에서 이렇게 말한 것처럼 말이다.

> "글로 쓰인 모든 것들 중에서 나는 오직 피로 쓰인 것만을 사랑한다. 피로
> 써라. 그러면 그대는 피가 정신이라는 것을 경험하게 될 것이다. 타인의 피
> 를 이해한다는 것은 쉬운 일이 아니다. 나는 안일하게 독서하는 자들을 증
> 오한다."
>
> **_같은 책, 59쪽**

안일하게 독서하는 자는 어떤 자일까? 그것은 있는 그대로의 자기로
서 책을 읽는 자, 미리, 그리고 동시에 변화하지 않는 자, 게으름을 피
워 가며 책을 뒤적이는 자들일 것이다. 하이데거가 말한 것처럼, '어느
누구도 있는 그대로의 자기로서는, 다시 말하면 미리 그리고 동시에 변
화하지 않는 한 결코 참되게 이 책을 읽을 권리를 갖지 못한다'는 것을
우리는 다시 한 번 명심해야 한다. 만인이 반드시 읽어야 할 철학서이면
서, 그 어떤 사람도 제대로 이해하지 못할 책을 우리는 제대로 이해하
기 위해 시도해야 한다. 인간이 극복되어야 할 그 무엇이듯, 이 책도 이
해되어야 할 그 무엇이기 때문이다.

〈즐거운 학문, 메시나에서의 전원시, 유고(1881년 봄~1882년 여름)〉
에 나오는 '삶의 원칙'에서 니체는 이 세계가 가장 아름답게 보이는 높
이는 다름 아닌 중간 정도의 높이라고 말한다. 그것은 바로 우리의 삶
이 아름다운 이유가 변화의 가능성, 높게 오를 수 있는 가능성이 항상

존재하는 과정이며, 시도이며, 다리이며, 밧줄이기 때문일 것이다.

"삶을 즐거이 살고
그것을 넘어서야 한다!
그러니 몸을 일으키는 법을 배워라!
그러니 아래를 내려다보는 법을– 배워라!

충동 중에 가장 고귀한 충동
그것에 지붕을 덮어 더 고귀하게 하라.
1킬로그램의 사랑마다
극소량의 자기경멸을 더해라!

평평한 들판에 머물지 말라,
너무 높이 올라가지 말라!
세계는 중간 정도의 높이에서
가장 아름답게 보인다."

_ 니체, 안성찬·홍사현 옮김, [니체전집 12] <즐거운 학문, 메시나에서의 전원시, 유고(1881년 봄~1882년 여름)>, 719~720쪽

니체가 말한 대로 우리의 삶 자체가 그렇게 허무한 것이고, 그렇게 목적 없는 것이고, 그렇게 참을 수 없을 정도로 무의미한 것이라면 광대가 줄타기를 하며, 밧줄을 뛰어넘어 유희를 즐기듯, 우리 역시 그 상

인생에 반전이 필요하다면 인문학 독서가 답이다

황을 인정하고, 그것을 초월하여 넘어서는 최선의 방법으로, 오히려 그렇기까지 한 인생을 사랑하고, 그런 삶을 인정하고 놀이하듯, 광대가 위험한 밧줄 위에서 춤을 추듯, 삶을 껴안고 춤추듯, 즐겁게 살아가며, 무엇보다도 자기와 자기의 삶과 이 세계 전체를 긍정하며, 삶의 매 순간을 충실하게 살아가야 한다.

있는 그대로의 자기를 긍정하라_ 니체의 조언!

니체가 앞선 책을 통해 말하고자 했던 것 중에 한 가지는 자신의 모든 것을 긍정하라는 것이 아닐까? 나는 그렇게 생각한다. 모든 것을 긍정할 때 비로소 우리는 모든 것을 얻을 수 있고 찾을 수 있고 발견할 수 있다는 것, 그리고 그 모든 것에는 인간을 동정했기 때문에 죽었던 신도 포함될 것이고, 니체가 말한 인간에게 있는 위대함인 '아모르 파티 (amor fati, 운명애)'도 포함될 것이다.

나는 이 책을 통해 나 자신에게 한마디를 던져 주고 싶다.

"있는 그대로의 자기를 긍정하라.
그리고 춤추듯 놀이하듯 모든 것을 초월하며 살아가라."

차라투스트라가 '자, 이제 중력의 영을 죽이자!'라고 말한 것도, '우리는 분노함으로써 죽이는 것이 아니라 웃음으로써 죽인다'고 말한 것도 모두 우리를 억압하고 짓누르고 자유를 가로막는 기존의 모든 것들을 극복하고 날아오르고 자유로운 삶을 살기 위해 놀이하듯, 웃으며, 즐겁게 살기를 그가 조언해 주는 대목이며, 바라는 대목이다.

니체가 이 세상을 초월하는 한 방편으로 춤추듯, 기뻐하며, 즐거워하며 살아가라고 제안했듯 그 자신도 최대한 즐겁고 기쁘고 유쾌하게 살려고 노력했던 철학자이기도 했다. 그는 이 책에서 이렇게 말하기도 했다.

"더 기뻐하라. 사소한 일이라도 한껏 기뻐하라. 기뻐하면 기분이 좋아질 뿐 아니라, 몸의 면역력도 강화된다. 부끄러워하지 말고, 참지 말고 삼가지 말고 마음껏 기뻐하라. 웃어라. 싱글벙글 웃어라. 마음이 이끄는 대로 어린아이처럼 기뻐하라. 기뻐하면 온갖 잡념을 잊을 수 있다. 타인에 대한 혐오와 증오도 옅어진다. 주위 사람들도 덩달아 즐거워할 만큼 기뻐하라. 기뻐하라. 이 인생을 기뻐하라. 즐겁게 살아가라."

그는 또 다른 저서인 〈방랑자와 그 그림자〉에서 '지혜로워라. 기쁨을 품어라. 가능하다면 현명함도 더하라. 그리고 마음에는 언제나 기쁨을 간직하도록 하라. 이것이야말로 인생에서 가장 소중한 것이기 때문이다'라고 말하기도 했다.

그렇다. 니체의 조언대로 우리는 즐거워하며, 누구보다 더 기뻐하며, 우리의 인생을 살아가야 한다. 그리고 그가 이 책에서 말한 것처럼 우리는 '어디에서 왔는가'가 아니라 '어디로 가는가'가 무엇보다 중요하고 가치 있는 질문임을 자각해야 한다. 그렇기 때문에 과거에 얽매여서 아래에 있는 타인과 자신을 비교하여 자신을 칭찬하지 말고, 어떤 목표를 가지고 미래를 향해 나아가고 있는지, 현재의 자신을 뛰어넘어 얼마나 높은 곳으로 가려고 하는지, 어느 길을 개척하여 무엇을 창조해 갈 것인지에 대해 고민하며 쉬지 말고 앞으로 나아가고 보다 높은 곳을 향해 나아가야 한다.

차라투스트라의 가르침 중 '세 가지 변화에 대하여'란 부분의 첫 문장을 살펴보자.

"정신의 세 가지 변화에 대해서 나는 그대들에게 말해 주겠다. 곧 정신이 어떻게 낙타가 되고, 낙타가 어떻게 사자가 되고, 마지막으로 사자는 어떻게 어린아이가 되는지를."

이 책의 제1부에 나오는 '낙타', '사자', '어린아이'의 세 단계는 인간 정신의 발달 과정을 말한다. 타인의 생각, 세상의 관습 같은 기존의 것에 대해 아무런 비판 의식이나 성찰 없이 마치 낙타가 무거운 짐을 지고 사막을 건너듯, 우리의 정신은 그렇게 낙타가 되지만, 가장 견디기 힘든 혹독한 사막에서 두 번째 변화인 사자가 된다. 사자는 '너는 마땅히 해야 한다'라는 기존의 당위적 세계의 구속에서 벗어나 그런 세계에 대해 비판하며 자신의 의지대로 자신의 삶을 독립적으로 살아가는 힘을 지닌 상태를 말한다. 하지만 니체가 요구하는 궁극적인 단계는 어린아이이다. 어린아이처럼 순진무구하게 유희할 수 있는 존재가 니체가 원한 위대한 인간의 모습인 것이다. 더러운 세상에 살면서도 더러워지지 않는 지혜로운 인간, 삶의 부정과 허무를 넘어서서 긍정하며 초월하여 새로운 가치를 만들고 새롭게 출발하여, 스스로 자신의 세계를 획득하는 인간.

"어린아이란 순진무구함이고 망각이며, 하나의 새로운 출발, 유희, 스스로 굴러가는 수레바퀴, 최초의 운동, 신성한 긍정이다. 그렇다. 창조의 유희를 위해서는 형제들이여, 신성한 긍정이 필요한 것이다. 이제 정신은 자신의 의지를 원하고, 세계를 잃어버리는 자는 스스로 자신의 세계를 획득하는 것이다."

_ 같은 책, 39쪽

순진무구한 어린아이는 선악의 구별이 없고, 미와 추를 넘어서고, 있는 그대로의 세계와 삶을 받아들인다. 그것이 바로 새로운 창조의 기반이 되며, 우리는 모두 하나의 예술가요 시인이기에 스스로 자신의 삶을 창조하고, 하나의 예술작품으로 만들어 가야 한다.

이 책을 통해 얼마나 많은 위대한 예술가들이 탄생했고, 얼마나 많은 작가들이 탄생했고, 얼마나 많은 심리학자와 철학자들이 탄생했는가를 생각해 보면, 우리는 이 책이 왜 서양에서 성서 다음으로 많이 읽히는 고전인지에 대해서도 이해할 수 있다.

이 책은 한마디로 깊은 잠에 빠져 잠자는 우리의 의식을 망치로 깨어 내어 우리의 삶과 근본적으로 연관된 죽음과 생명, 자유와 구속, 진실과 허무, 고통과 기쁨, 우연과 필연, 의미와 무의미, 진리와 사기, 선과 악, 어른과 아이, 몸과 정신, 춤과 웃음, 유희와 피, 악마와 신, 순결과 육욕, 독서와 저술, 구원과 멸망, 아름다움과 추함, 우울과 행복 등과 같은 단어와 개념들이 우리의 의식 세계 속에서 생성과 융합을 일으켜 마치 빅뱅 현상이 일어나듯 예술과 지성과 치유와 철학으로 뭉쳐 폭발하게 하는 힘을 지녔다.

현대 무용을 창시한 이사도라 던컨(Isadora Duncan)이 이 책을 손에서 놓지 않고 현대 무용을 창시했고, 입체파를 개척한 피카소가 이 책에 몰두했고, 프로이트와 융과 같은 심리학의 거장들이 니체를 연구했고, 발레리와 토마스 만과 같은 작가들이 니체에 집중했던 것은 결코 우연이라고 볼 수 없다. 결론적으로 이 책은 그 누구의 책도 아니지만, 변화하고 시도하고 더 높은 곳을 향해 나아가고자 갈망하는 바로 당신을 위한 책이다. 이 책은 아직도 미지의 땅이며, 우리가 개척해야 하고 발견해야 할 보물섬과 같은 책이다.

마지막으로 이 책을 읽기에 도전하고자 하는 독자들을 위해 이 책만을 위한 독서법을 소개하고자 한다. 이 책은 1부에서 4부까지 모두 90개의 이야기로 구성되어 있다. 니체는 1부를 정확히 10일 동안 썼다. 그리고 2, 3부도 마찬가지로 10일 동안 집필했다.

이것이 의미하는 것은 무엇일까? 그것은 바로 '신들린 것처럼, 전율을 느끼며, 영감에 의해 쓴 것'이라고 필자는 생각한다. 그렇게 때문에 우리는 이 책을 읽을 때 '니체의 그 영감'과 만나야만 한다. 그것이 이 책을 제대로 읽는 방법이고, 목적이고, 이유이다.

하지만 바로 이런 이유에서 이 책은 난해하고 어려울 수밖에 없다. 전율을 느끼며 신들린 것처럼 영감에 의해 책을 일주일 만에 써본 경험이 있는 자만이 이것을 알 수 있다. 필자는 몇 권의 책을 이렇게 써본 경험이 있고, 지금도 그렇게 하고 있기에 그 특징을 잘 알고 있다. 그런

인생에 반전이 필요하다면 인문학 독서가 답이다

책의 공통점은 일단은 연속적이지 않고, 체계적이지 않고, 상징과 비유가 엄청나게 많이 나온다는 데 있다.

니체의 이 책은 바로 그런 책이면서, 모든 서양 철학사의 주제나 논쟁거리를 한 권의 책에 다 담은 책이기도 하다. 그렇기 때문에 이 책을 읽기 전에는 반드시 해설서를 읽어야만 한다. 니체는 굉장히 친절한 사람이었다. 이 책을 읽기 전에 니체는 이 책을 자신이 어떤 의도로 썼고, 이 책의 중요한 핵심 내용은 무엇이고, 자신이 어떤 배경에서 이 책을 썼는지에 대해 해설해 놓았다. 바로 〈이 사람을 보라〉라는 책에 나오는 〈차라투스트라는 이렇게 말했다〉라는 부분이다.

니체의 책을 읽는 사람이 가장 어렵게 생각하는 부분은 비유나 상징들이 너무 많이 나온다는 것이다. 그렇다면 어떻게 해야 할까? 여기에 정답은 없다. 어떤 분은 상징사전과 같이 누군가가 정리해 놓은 개념을 먼저 읽어보고 나서 그 상징과 비유의 의미와 맥락을 살펴보라고 조언한다. 하지만 필자의 생각은 조금 다르다.

가령 신이라는 단어가 어떤 책에서는 전혀 다른 존재를 가리키고, 또 다른 책에서는 또 다른 존재를 의미하기도 하고, 뱀이라는 단어가 어느 문맥에서는 진리의 상징이지만, 다른 문맥에서는 허무주의의 상징이기도 하단 점을 떠올려 보자. 그렇기 때문에 먼저 비유나 상징이 되는 단어들은 자신만의 '니체 독서 노트'를 만들어 한 페이지에 하나의 단어를 적은 후에 한 페이지 전체를 비워 놓고, 앞으로 수십 수백 번 읽어가면서 자신이 깨달은 것들을 적어 나가는 법을 추천한다.

어떤 분들은 기본적인 개념을 미리 알면 읽기가 훨씬 수월해진다고 조언한다. 하지만 필자는 다르게 생각한다. 그렇게 누군가가 이미 정해 놓은 해석과 개념 설명은 자기 자신만의 해석을 방해할 수 있고, 사고를 정형화된 틀 속에 가두어 버리게 할 수 있다. 무엇보다 중요한 것은 읽기를 반복하고, 고민하고, 사색하면서 니체의 영감과 만나는 일이다. 그렇게 하기 위해서는 힘을 들이는 것이 마땅하다. 너무 쉬운 길로 가 버리면 나중에는 얻는 것이 하나도 없다.

니체 역시 이 책에서 우리에게 당부하지 않는가? '타인의 피를 이해한다는 것은 쉬운 일이 아니다. 나는 안일하게 독서하는 자들을 증오한다'라고 말이다. 그리고 니체가 말했듯이 '모든 사람들이 다 읽을 줄 알게 되면, 오랜 뒤에 가서 그것은 저술뿐만 아니라 사고(思考) 작용까지도 망쳐 놓을 것'이다. 우리는 이런 함정에 빠져서는 안 된다.

인문학 독서에서 가장 중요한 것은 누군가의 해석을 습득하여 그 책을 읽는 것이 아니라 스스로 능동적이고 창조적으로 읽어 나가면서 새로운 정의들을 만들어 갈 수 있어야 한다는 점이다.

반 권의 논어로 천하를 다스린다!

_ 공자 <논어>

"신에게 <논어> 1권이 있사온데 그 반으로 천하를 도모할 수 있었고, 그 반으로 천하를 다스릴 수 있었습니다."

송나라의 재상이었던 조보가 태종의 면전에서 했다는 이 말은 논어의 진중함에 대해 깨닫게 하는 말이다. 이 말은 송(宋)대 나대경의 <학림옥로(鶴林玉露)>에 나오는 말로, '반부논어치천하(半部論語治天下)'라는 말로 요약할 수 있다.

하지만 그때의 사회와 지금의 사회는 많이 다르다. 그때보다 지금의 세상이 훨씬 더 복잡하고, 훨씬 더 다스리기 힘들고, 경영하기 힘들다. 그렇다면 <논어>라는 책은 시대의 벽을 넘어서지 못한 것이 아닌가?'라는 의문을 품을 수 있다. 하지만 이러한 의문을 확실하게 풀어 주는 사람이 있다. 바로 삼성의 창업주인 이병철이다.

현대와 같이 복잡한 세상과 예측 불가능한 경영의 세계에서 논어 한 권을 통해 성공적인 창업과 수성을 한 인물이 바로 이병철이기 때문이다. 그는 자신의 회고록인 <호암자전(湖巖自傳)>에서 이렇게 말했다.

"가장 감명받은 책 혹은 좌우에 두는 책을 들라면 서슴지 않고 〈논어〉라고 말할 수밖에 없다. 나라는 인간을 형성하는 데 가장 큰 영향을 미친 책은 바로 〈논어〉이다. 나의 생각이나 생활이 〈논어〉의 세계에서 벗어나지 못한다고 하더라도 오히려 만족한다. 〈논어〉에는 내적 규범이 담겨 있다. 간결한 말 속에 사상과 체험이 응축되어 있어, 인간이 사회인으로서 살아가는 데 불가결한 마음가짐을 알려준다."

그렇다면 왜 〈논어〉는 이렇게 독특한 평가를 받는 것일까? 지구상에 책들은 수도 없이 많다. 그런데 한 권의 책으로 나라를 세우고, 기업을 창업하고, 다스리기에 부족함이 없다는 평가를 받는 책은 절대 흔한 책이 아니며, 찾으려 해도 별로 없다.

왜 논어는 유독 오랫동안 시대가 변하고 사회의 패러다임이 변하고 세계관이 변해도 식을 줄 모르고 계속해서 인기를 얻는 것일까? 그 이유에 대해 필자는 세 가지 측면과 시대적 상황을 토대로 한 이유를 말하고 싶다.

첫째는 〈논어〉가 성공한 인생을 산 사람이 아닌 실패하고 비루한 인생을 산 한 인물과 관련된 내용의 책이라는 점에서 다른 고전, 영웅전, 실화와 차별점을 지닌다는 것이다. 다른 고전에는 위인이나 영웅이 나오기 때문이다.

둘째는 〈논어〉에는 가슴을 저미게 하거나 설레게 하거나 열광하게 하고 우리를 사로잡고 전율하게 하고 흥분하게 하고 긴장하게 하는 스토리가 없다.

셋째는 〈논어〉에는 기승전결, 서론·본론·결론이 없다. 그냥 아무 페이지나 펼쳐서 읽어도 괜찮다.

이 세 가지를 다른 한마디 말로 바꾸어 말하면, 〈논어〉는 독특한 책이다. 물론 비슷한 책이 전혀 없다고는 말할 수 없지만 대부분의 책들과는 확실히 차별화를 두는 책임에는 의문의 여지가 없다.

우리는 공자가 살았던 시대적 상황을 잘 이해해야 한다. 공자는 2,500년 전 춘추시대에 살았다. 이 시대는 한마디로 무시무시한 시대였다. 현대와 같은 안전과 인권이 보장된 사회가 아니었다. 한마디로 대혼란기였다. 한 움큼의 밥을 위해 자식이 부모를 때리고, 한 뼘의 땅을 두고 다퉈 신하가 임금을 살해하는 그런 시기였다. 이런 시기에 인간으로서의 최고 경지인 인(仁)에 집중하고, 신뢰를 강조하고, 학문에 몰두하며, 호학(好學)하는 삶의 자세와 폭력과 광기의 시대를 넘어 사람답게 살고, 사람 대접을 받을 수 있는 문명을 꿈꾸는 태도를 평생 유지한다는 것은 거의 초인에 가까운 정신력이라고 할 수 있다. 바로 여기에 공자가 오랫동안 추앙받는 이유가 숨어 있는 것이다.

〈논어〉를 읽으면서 가장 주의해야 할 사항은 쉽게 이해할 수 있는 문장의 책이라고 섣불리 읽어 내려간 뒤 다 읽었다고 말하는 것이다. 책은 결국 자신의 수준에 따라 배우고 얻는 것이 천차만별로 달라진다는 사실을 명심해야 한다. 어떤 책은 해답을 제시하기 때문에 쉽게 접근할 수 있고, 혹은 어렵게 서술되어 반대로 접근하기 어려울 수도 있다. 하지만 그 책들에서 얻는 것이 독자의 수준에 따라 크게 차이가 나지 않을 수 있다. 만약에 읽게 된다면 말이다. 하지만 〈논어〉는 전혀 다르다.

누구나 쉽게 읽어 내려갈 수 있다. 그래서 마음만 먹으면 하루에도 다 읽을 수 있다. 하지만 정독을 한 번 했다고 해서 〈논어〉를 통해 얻을 수 있는 것을 다 얻었다고 누구도 말할 수 없다.

〈논어〉를 읽고 누군가는 나라를 통치할 수 있는 지혜를 얻었고, 한 나라의 재상이 되고, 위대한 기업가가 되었지만, 그저 한두 번 읽고 아무것도 얻지 못하는 경우도 너무나 많다.

그 이유는 〈논어〉의 진중함에 있다. 논어는 쉬운 책이 절대 아니다. 문장이나 표현이 쉽다고 만만하게 생각하고 쉽게 쉽게 읽어 내려가면 아무것도 길어 올릴 수 없는 신비한 책이다.

책에는 여러 종류가 있다. 그중에는 독자가 읽어 내려가면서 그 책을 완성해야 하는 책이 있고, 이미 거의 다 완성되어 독자는 그저 읽기만 하고 내용은 주입만 돼도 되는 책이 있다. 전자의 책들이 위대한 고전이고, 후자의 책들은 그렇지 않다. 그리고 독자의 참여를 더 많이 이끌어 내는 책일수록 위대한 고전이 될 가능성이 높다.

〈논어〉가 바로 그런 책이다. 감히 독자들에게 말하고 싶다. 〈논어〉를 그저 한 번 읽고 내던지지 말고, 최소한 100번 정도 읽어 보라. 그렇게 할 때 왜 필자가 100번 정도 〈논어〉를 읽어야 한다고 주장했는지 그 이유를 알게 될 것이다. 100번 읽어야 제대로 그 맛을 알고, 큰 보물을 건져 올릴 수 있는 책이 〈논어〉다. 볼테르의 '아무리 유익한 책이라도 그

반은 독자가 만든다'는 말이 제대로 적용되는 책이 바로 〈논어〉다. 채근담을 보면 '책을 읽으면서 성인이나 현자를 보지 못한다면, 그는 글씨를 베끼는 사람에 지나지 않는다'는 말이 있다. 〈논어〉를 읽었다고 해도 공자를 만나지 못한 사람들은 논어를 제대로 읽었다고 말할 수 없는 이유가 바로 이것이다.

〈논어〉는 대화체이다. 또, 책에 나오는 인물은 대략 155명 정도이다. 그리고 공자 제자들의 수는 사마천에 의하면, 삼천 명 정도였고, 그중에서 육예(六藝)에 통달한 사람이 72명 혹은 77명이라고 하며, 그중에서도 특히 뛰어난 제자 열 명을 10철이라 하여, 공문십철(孔門十哲)이라 한다.

〈논어(論語)〉'선진편(先進篇)'에 공자가 진채(陳蔡)의 들판에서 위난을 당하였을 때 함께 있던 제자들 10명의 이름을 들었는데, 덕행(德行)에는 안연(顏淵)·민자건(閔子騫)·염백우(伯牛)·중궁(仲弓), 언어에는 재아(宰我)·자공(子貢), 정사(政事)에는 염유(有)·계로(季路), 문학에는 자유(子游)·자하(子夏)가 뛰어나다고 평했다. 여기에 나오는 덕행·언어·정사·문학을 사과(四科)라고 한다. 그래서 '사과(四科)십철'이라고 하기도 한다.

내용적인 측면에서 보자면, 〈논어〉는 인간학도 아니고, 정치학도 아니고, 윤리학도 아니다. 이 모든 것을 통합하고 아우르는 책이다. 바로 이것이 〈논어〉를 더욱더 〈논어〉답게 만든 요소이며, 지금까지 수많은 사람이 읽고, 공부하고, 탐구하고, 배우고, 답습하는 이유라고 필자는 생각한다.

그렇다면 먼저 공자는 과연 어떤 인물이었을까? 먼저 공자는 자신은 성인이 아니라고 가르쳤윤다. 또, 자신이 비천한 일이든 무엇이든 다 할 수 있는데, 그 이유는 젊었을 때 사회의 밑바닥에서 다양한 일을 경험했기 때문이라고 말하는 사람이었다.

"나는 젊었을 때 사회의 밑바닥에서 일했다. 그래서 비천한 일이라도 무엇이든 할 수 있게 되었다. 좋은 집안의 출신이라면 다능하게 될 수 있었을까? 그럴 수 없었을 것이다."

사마천은 〈공자세가〉를 집필하여, 공자에 대해 '야합(野合)'으로 태어나서 성인의 극치'가 된 인물이라고 평했다. 그렇다면 현대의 위대한 학자들은 공자에 대해 무엇이라고 평하고 있을 까? 이를 들여다볼 수 있는 책이 중국 인문 출판계에서 최고의 책으로 평가받는 베이징대 교수 리링(李零)의 〈집 잃은 개〉다.

"공자는 결코 성인이 아니며 뜻을 이루고자 끊임없이 노력하나 그러지 못했던 외로운 지식인이다."

그는 공자가 살던 당시, 공자의 모습에 대해 '불안해 어찌할 도리가 없고 입술이 타도록 초조해 하며 떠돌이 신세가 된' 모습이라고 말하

　　　　인생에 반전이 필요하다면 인문학 독서가 답이다

며, 집 잃은 개의 모습으로 비유했다. 또, 그는 〈논어〉를 읽고 나서 자신에게 남은 느낌을 한 단어로 표현했다. 그것은 바로 '고독'이었다. 공자는 매우 고독했던 인물이라고 그는 평가했다. 그가 한 표현 중에 필자의 가슴을 찢어지게 하는 대목이 있다.

"그는 대단히 불안했고 또 정말로 어찌할 도리가 없어 입술이 타고 입이 마르도록 초조했으며, 실패와 좌절 속에서 유랑하는 신세가 되어 마치 돌아갈 집이 없는 떠돌이 개와 같았다. 이것이야말로 공자의 진정한 모습이다."

공자는 출신은 비천했지만 입신의 표본이 된 사람이었으며, 단적으로 볼 때 옛것을 좋아하고 배우는 데 싫증 내지 않았고 남을 가르치는데 열심이던 인물이었다. 그는 인생의 밑바닥 생활을 경험했고, 학문의 높은 경지에까지 오른 다방면에 능수능란한 사람이었다. 그럼에도 그는 권력도 힘도 없었던 인물이었다. 그는 73년 혹은 74년을 살았던 인물이고, 평생 뜻을 크게 이루지는 못했다. 그는 13년 이상을 여러 나라를 돌아다니며 벼슬을 구했고, 자신이 가는 곳을 주나라로 만들겠다는 포부를 늘 가지고 있었지만 늘 좌절을 맛보아야 했다. 아무도 그의 뜻을 알아주지 않았다. 결과적으로 그는 늘 고독했다. 세상은 그를 알아주지 않았지만 그는 굴하지 않았다.

〈논어〉의 학이(學而)편을 살펴보면, 공자 사상의 핵심 중 핵심 개념이라고 할 수 있는 인(仁)에 대해 오해하지 않을 수 있는 대목이 나온다.

"子曰(자왈) 巧言令色(교언영색)이 鮮矣仁(선의인)이다."
"공자는 말했다. 말을 아주 정교하게 남이 듣기 좋도록 하고, 얼굴빛도 곱게 하는 사람들 중에 어진 사람은 드물다."

자로(子路)편에는 인에 대한 공자의 이러한 말도 실려 있다.

"자왈(子曰) 강의목눌(剛毅木訥)이 근인(近仁)이다."
"공자는 말했다. 강직하고 굳세고 질박하고 어눌한 것이 인(仁)에 가깝다."

안연(顔淵)편에서는 이렇게 말했다.

"자기를 이기고 예를 회복하는 것이 인이다."
"어진 자는 말을 할 때 입이 무겁다."

인간의 본질과 인간에 대한 탐구를 오랫동안 한 결과 인이 무엇인지, 인을 실천하기 위해 무엇을 해야 하는지에 대한 사실을 그는 깨달았다. 그래서 〈논어〉는 인간학에 대한 책이기도 하다. 또 〈논어〉는 인간에는 소인이 있고, 군자가 있으며, 군자와 소인은 서로 다르다는 점을 많이 얘기한다. 공자는 군자는 쓸모가 한정된 그릇 같은 존재가 아니라고 말하기도 했다.

"자왈(子曰) 군자(君子)는 불기(不器)다."

"공자는 말했다. 군자는 (쓰임새가 한정된) 그릇 같은 존재가 아니다."

공자는 군자가 되기 위해서는 '진중해야 하고, 배워야 하고, 마음이 평탄해서 걱정이나 근심에서 벗어나야 하고, 가난도 이겨낼 수 있는 유형'의 사람이 되어야 한다고 조언한다.

"군자는 근심하지 않고, 두려워하지 않는다."

그리고 공자는 '군자이면서 어질지 못한 자는 있지만, 소인이면서 어진 사람은 없다', '군자는 자신의 말이 자신의 행동보다 지나친 것을 부끄러워한다'라고 제14편 헌문(憲問)편에서 밝혔다. 제15편인 위령공(衛靈公)편을 보면, 군자와 소인의 차이에 대해 이렇게 말한다.

"군자는 자기에게서 찾고, 소인은 남에게서 찾는다."

"군자는 작은 일을 통해 알아볼 수 없지만 큰일을 맡을 수 있고, 소인은 큰일은 맡을 수 없지만 작은 일로 알아볼 수 있다."

또한 군자와 소인으로 인간을 나누는 경우가 대부분인데 반해, 드물게는 배우는 자세와 지식의 정도에 따라 인간을 품평하는 경우도 있었음을 제16편 계씨(季氏)편을 통해 알 수 있다.

"공자께서 말씀하셨다. 태어나면서부터 아는 사람(生而知之)은 상등급이다. 배워서 아는 사람(學而知之)은 그다음이다. 곤란을 겪고 나서 배우는 사람(困而后學)은 또 그다음이다. 곤란을 겪고 나서도 배우지 않는 사람(困而不學)은 백성으로서 하등급이다."

또, 공자는 가장 지혜로운 자와 가장 어리석은 자는 변화시킬 수 없다고 말하기도 했다.

우리는 어떻게 살아야 하는가?

_ 플라톤 <변론>

"자! 떠날 때가 왔다. 우리는 각자 자신의 길을 갈 것이다. 나는 죽고 여러분은 산다. 어떤 것이 나을지는 오직 신만이 알고 있다."

이 소크라테스의 담담한 마지막 말처럼 우리는 아무것도 알지 못한다. 심지어 수많은 고전이 추구하는 '우리는 어떻게 살아야 하는가', '우리는 왜 죽어야 하는가', '죽음이란 어떤 것인가', '우리는 어떻게 죽음을 맞으며 살아가야 하는가', '죽는 것이 나은 것인가 사는 것이 나은 것인가'라는 삶과 죽음에 관한 근본적인 질문들에 대해 아무도 정확히 답할 수 없다.

소크라테스는 죽음에 대해서조차 자신은 무지하고 오직 신만이 안다는 것을 안다고 말했다. 또 그는 평생 지혜롭다고 널리 알려진 사람들을 만나 질문하며 자신이 선하다고 생각하는 일을 하면서 살아왔다. 하지만 그들의 답변에 실망하고, 결국 다음과 같이 결론 내린다.

"자, 우리 중 누구도 진실로 선하고 아름다운 것에 대해 알고 있지 않다. 하지만 적어도 나는 그들보다는 낫다. 왜냐하면 그들은 아무것도 모르면서 안다고 생각하지만, 나는 마찬가지로 아무것도 모르지만 내가 안다고 생각하지는 않기 때문이다. 그러니 후자인 내가 그보다 약간 나은 듯싶다."

소크라테스는 자신의 말대로 알지도 못하면서 안다고 생각하지 않은 철학자였다. 그래서 그는 죽음을 두려워하지 않을 수 있었다. 왜냐하면 죽음에 대해 그 어떤 결론도 내리지 않았기 때문에 죽음이 두렵지 않았던 것이다.

> "죽음을 두려워하는 것은 지혜가 없으면서도 있다고 생각하기 때문에 생겨나는 일입니다. 곧 자신이 알지 못하는 것을 안다고 생각하기 때문입니다. 죽음에 대해서 아는 사람은 아무도 없습니다. 어쩌면 죽음은 좋은 것 중에서도 최고의 것인지도 모릅니다. 하지만 사람들은 죽음에 대해 전혀 모르면서도 나쁜 것 중에서도 최악의 것이라고 생각하고 두려워합니다. 이것이야말로 알지도 못하면서 안다고 생각하는, 비난받아야 마땅한 무지가 아닐까요?"
>
> **_ 플라톤, 권혁 옮김, <소크라테스의 변명 외>, 45쪽**

소크라테스의 지혜는 제대로 알지 못하는 저승에 대해 솔직히 모른다고 생각할 줄 알았다는 것이다.

버트런드 러셀(Bertrand Russell)의 <서양철학사>를 보면, 소크라테스는 아테네에서 중간 계층 시민이었지만, 아테네의 유명 인사임에는 틀림없었다고 말한다. 또한 그는 평생 생업은 돌보지 않을 정도로 철학

인생에 반전이 필요하다면 인문학 독서가 답이다

적 사유에 빠져 살았다. 그리고 그는 독특한 문답술을 통해 논쟁하며 젊은이들에게 철학을 가르쳤음에도 소피스트들과 달리 돈을 받지는 않았다고 한다. 또한 재판을 받았고, 실제로 사형 선고가 내려졌고, 기원전 399년, 그의 나이 70세에 사형이 집행되었다. 러셀은 〈변론〉에 묘사된 소크라테스에 대해 이렇게 말한다.

> "〈변론〉은 특정한 유형에 속하는 한 인물을 분명하게 묘사한다. 그는 자기 확신에 찬 고매한 품성을 갖추었고, 세속적인 성공에는 무관심하며, 신의 음성에 인도받는다고 믿고, 명료한 사고야말로 올바른 삶에 필요한 가장 중요한 요소라고 설득하는 사람이다. 마지막에 말한 것만 제외하면 그는 그리스도교의 순교자나 청교도와 흡사하다. 〈변론〉의 끝부분에서는 사후의 일에 대해 고찰하는데, 거기서 소크라테스는 영혼 불멸을 확고하게 믿고 있고, 확실하지 않다는 그의 공언은 단지 가정에 지나지 않는다는 느낌을 지울 수 없다. 그가 그리스도교처럼 영원한 고통의 공포로 괴로워하지 않는 까닭은 내세의 삶이 행복한 삶이 되리라고 믿어 의심치 않기 때문이다."
>
> **_ 버트런드 러셀, 〈서양 철학사〉, 147쪽**

소크라테스는 아테네의 청년들을 타락시켰다는 이유로, 국가가 인정한 신을 숭배하지 않았다는 이유로, 천상과 땅속의 일들을 파고들며 다른 사람들에게도 그와 똑같이 가르치는, 악을 퍼뜨리며 참견을 일삼는다는 이유로, 심지어 신을 부정했다는 이유로 고발당했고, 법정에 서야 했다.

소크라테스의 〈변론〉은 시대의 파도에 맞서 조금도 굴하지 않고 싸우는 한 개인의 모습을 생생하게 그린 작품이기도 하다. 소피스트들을 중심으로 한 대중들은 아테네가 쇠퇴의 길에 접어들자 그 원인을 찾으려 했다. 그리고 그 원인으로 지목된 자가 바로 소크라테스였던 것이다. 소크라테스의 행적들이 당대 아테네인들에게는 사회를 무너뜨리는 행위로 보였던 것이다.

소크라테스는 어떻게 살아야 하는가에 대해 자신의 삶을 통해 보여준 인물이라고도 할 수 있다. 그는 '조금이라도 지혜가 있는 사람이라면 죽느냐 사느냐 하는 위험을 헤아려서는 안 되며, 오직 올바른 행위를 하느냐 나쁜 행위를 하느냐, 선한 인간이 할 일을 하느냐 나쁜 인간이 할 일을 하느냐 하는 것만을 고려해야 한다'고 말했다.

그리고 그는 그 자신의 말대로 살았다.

"어쩌면 여러분은 그러한 마음을 먹은 나에게 다음과 같이 말할 수 있을 것입니다.
'소크라테스, 우리는 아나토스의 말을 따르지 않고 당신을 무죄로 방명하겠소. 대신 한 가지 조건을 달겠소. 더 이상 철학을 하지 마시오. 만약 철학을 하는 것이 발각되면 사형에 처하겠소.'
만약 그런 조건에서 나를 방면한다면 나는 다음과 같이 말할 것입니다.
'아테네 시민 여러분, 나는 여러분을 존경하고 사랑하지만 여러분보다는 신에게 복종할 것입니다. 내가 살아 있는 한에서는 철학을 할 것이며 여러분에게 충고를 하고 나의 생각을 밝히는 일을 그만두지 않을 것입니다. 내가

인생에 반전이 필요하다면 인문학 독서가 답이다

늘 해오던 대로 말입니다.'"

_플라톤, 권혁 옮김, <소크라테스의 변명 외>, 46쪽

그는 죽음의 위협 앞에서도 죽느냐 사느냐 하는 위험을 헤아리기보다는 올바른 행위라고 생각하는 것을 선택했고, 선한 인간이 할일을 하는 편을 선택했다.

이 책을 통해 우리가 배울 수 있는 것은 그의 박학다식함이 아니라 정직하고 현명한 삶이다. 조금도 동요하지 않고 흔들림 없이 지행합일한 그의 삶 말이다.

또, 소크라테스는 어떻게 살 것인가를 구하는 독자들을 위한 답이라도 하듯, 그러한 질문에 딱 맞는 발언을 하기도 했다.

"세상에서 가장 위대하며 그 지혜와 힘에 있어 최고인 아테네의 시민 여러분, 재물은 최대한으로 모으려 하고, 명성과 지위는 얻으려 하지만, 사리분별과 진리 그리고 훌륭한 영혼을 갖추는 것에는 관심을 갖지 않는 것은 부끄럽지도 않습니까?"

_같은 책, 47쪽

그가 살았던 시대나 지금 우리가 사는 시대는 동일하게 황금만능주의에서 벗어나지 못하고 있다. 그래서 그는 부와 명예를 좇기 전에 지혜와 지식과 정신의 향상을 추구하라고 촉구했던 것이다.

또한 '어떻게 살 것인가'를 구하는 독자들에게 소크라테스는 아래와

2부: 책, 인문학을 탐하다 ⌐⌐   189

같이 말했을 것이다.

> "덕은 재물로부터 생기는 것이 아니며, 사람이 가진 덕을 통해 재물을 비롯한 모든 것이 사적이나 공적으로 이로움을 가져다주는 것입니다."
>
> **_ 같은 책, 48쪽**

소크라테스는 자신이 가진 덕을 통해 재물뿐 아니라 말도 안 되는 불합리한 사형 선고조차도 자신에게 이로움을 가져다주는 것으로 전환시켰다. 그는 끊임없는 질문을 던지면서 자신이 아는 것이 옳은 것인지, 자신의 행동이 올바른 행동이며, 사회에 유익한 것인지를 탐구했다.

그에게 덕이 있었기에 그는 사형 선고를 받은 재판에서도 겁먹지 않았고, 입을 다물지도 않았다. 오히려 당당하게 결과에 연연하지 않고 자신이 선택한 삶을 살았고, 자신이 죽음을 택했다. 그는 자신의 말대로 자신이 가진 덕을 통해 사적이나 공적으로 이로움을 가져다주는 사례를 몸소 보여 준 위대한 철인이다. 그의 삶을 통해 반드시 얻어야 할 한 가지 교훈을 말하라면 이것이다.

> "덕, 즉 정신의 향상 없이는 부와 명예가 우리의 삶을 이롭게 할 수 없다는 사실과 죽음을 두려워하면 그것의 노예가 된다는 것."

좋은 삶이란 무엇인가?

_ 아리스토텔레스 <니코마코스 윤리학>

'만학의 시조'라고 불리듯, 많은 분야에서 후세에 큰 영향을 미친 고대 그리스의 철학자 아리스토텔레스가 <니코마코스 윤리학>을 통해 우리에게 던지는 첫 번째 질문은 무엇이었을까? 나는 결국 아리스토텔레스가 다음과 같은 질문을 우리에게 던지기 위해 이 책을 썼다고 생각한다.

"인간에게 좋은 삶이란 과연 무엇인가?"

바로 이것이다. 아리스토텔레스는 우리에게 이러한 질문을 던지면서, 이 책의 제목이기도 한 자신의 아들인 니코마코스에게 가장 좋은 삶이 무엇인지에 대해 가르치고, 그 삶에 대해 알려 주기 위해 이 책을 썼다.

그가 이 책을 통해 우리에게 제시하는 '좋은 삶'이란, 한마디로 좋은 행위를 지속적으로, 연속적으로 해 나가는 삶을 의미한다. 즉, 연속된 좋은 행위로 구성되어야 그것이 좋은 삶이라는 것이다.

그렇다면 왜 우리는 연속된 좋은 행위로 구성되어 있는 삶을 살아야 하고, 그것이 왜 좋은 삶일까? 우리는 왜 그렇게 살아야 할까? 왜 그것이 좋은 삶을 구성하는 요소인 걸까?

이러한 질문에 아리스토텔레스는 그렇게 살 때 가장 행복한 삶을 살아갈 수 있기 때문이라고 답한다. 즉, 그에게 있어서 좋은 삶이란 행복한 삶이다. 그리고 행복한 삶은 바로 삶의 목적인 것이다. 다시 말해 그에게 있어서 삶의 목적은 행복이다.

그렇다면 행복이란 과연 무엇일까? 그가 이 책을 통해 아들에게 깨우쳐 주려 했던 삶의 궁극적인 목적인 그 '행복'이란 어떤 것일까?

그가 제시하는 행복은 삶의 가장 좋은 상태, 즉, 최고로 추구하는 선, 더 이상 다른 목적을 바라지 않아도 될 만큼의 최고의 상태를 말한다. 즉, 행복은 최고의 상태, 최고의 선이라고 그는 이 책을 통해 말한다. 최소한 그가 자신의 아들에게 전해주고자 했던 인간의 삶의 궁극적인 목적은 행복이다. 그리고 그 행복은 최고선이며, 그 최고선은 결국 연속된 최고의 좋은 행위로 구성된 결과이다. 그는 자신의 책에서 이렇게 말했다.

> "모든 경우들에 있어서 총기획적인 것의 목적이 그것 아래에 놓이는 다른 모든 목적들보다 더 선택할 만한 것이다. 전자를 위해 후자가 추구되는 것이니까. … 그래서 만약 '행위될 수 있는 것들(pakton)'의 목적이 있어서, 우리가 이것은 그 자체 때문에 바라고, 다른 것들은 이것 때문에 바라는 것이라면, 또 우리가 모든 것을 다른 것 때문에 선택하는 것은 아니라고 한다면, 이것이 좋음이며 최상의 좋음(ariston, 최고선)일 것이라는 사실은 명백하다."
>
> **_아리스토텔레스, <니코마코스 윤리학>, 1094a**

그는 최상의 좋은 것, 최상의 좋은 상태를 에우다이모니아(eudaimonia, 행복)라고 지칭했다. 이 말에는 두 가지 의미가 공존한다. 이 말 자체가 '잘 이루어짐 또는 잘 됨'이라는 뜻이다. 또한 우리가 행복이라고 번역하기도 하는 이 말을 어원적으로 볼 때는, 'eu'는 '잘(well)' 혹은 '좋은'을 의미하고, 'daimon'은 '영적이고 신적인 존재', '신의 원리나 이치' 등을 의미한다고 할 수 있다.

그래서 이 말의 어원적인 의미에는 '행복은 신의 간섭이나 영향력에서 벗어날 수 없다', 즉 '인간은 천재지변이나 불운 같은 것에서 완전하게 벗어날 수 없는 존재'라는 의미도 내포되어 있다. 하지만 아리스토텔레스는 이런 측면보다 인간의 노력 여하에 따라 행복한 삶을 살아갈 수도 있고, 아닐 수도 있다는 측면, 즉 인간의 행위에 더 집중했고, 그것을 더 부각시켰다.

그럼 행복이 우리 인간의 행위와 노력에 따라 얻을 수 있는 것이라면 우리는 어떻게 해야 이런 최고의 상태, 최고의 선인 행복한 상태를 가질 수 있고, 누릴 수 있게 되는 것일까? 아리스토텔레스는 친절하게도 이러한 연속적인 질문에 대해 끊임없는 해답을 제시해 준다.

그가 제시하는 행복해지는 방법, 혹은 행복의 토대나 조건을 갖추는 방법은 한마디로 최고의 품성, 조화로운 품성을 갖추는 것이다. 우리 인간이 지닌 품성은 한두 가지가 아니다. 그래서 이런 품성이 모두 각각 가장 좋은 상태로 발현되고, 더할 나위 없이 훌륭한 조화를 이루는 상태의 삶을 가장 좋은 상태의 삶이라고 말할 수 있는 것이다.

그가 말하는 행복이란 몇 가지 욕구나 욕망을 충족시킴으로써 달성되는 것이 아니다. 우리가 가진 갖가지 품성들을 가장 잘 실현한 상태를 통해 우리는 행복한 삶을 살아갈 수 있다. 그리고 그 품성을 그는 덕이라고 지칭한다.

아리스토텔레스에게 품성은 바로 덕이며, 그 덕을 그는 아레테(arete)라고 지칭했다. 그리고 이 아레테는 결국 '탁월함, 탁월성'을 의미한다. 동양 철학에서 우리들이 자주 접하는 덕이라는 단어의 의미와는 전혀 다르다. 개념부터가 다르다. 그렇기 때문에 이 점에서 혼동하지 않아야 우리는 이 책에 대해 제대로 이해할 수 있고, 개념을 파악할 수도 있다.

아리스토텔레스가 말하는 덕은 어떤 것의 본성이나 기능이 최대한 적절하게, 훌륭하게 수행됨으로써 구현되는 최상의 상태를 의미한다. 그의 표현을 직접 들어보자.

"먼저 모든 덕은 그것이 무엇의 덕이건 간에 그 무엇을 좋은 상태에 있게 하고, 그것의 기능(ergon)을 잘 수행하도록 한다는 점을 지적해야 할 것이다. 예를 들어 눈의 덕은 눈과 눈의 기능을 좋은 것으로 만든다. 우리는 눈의 덕에 의해 잘 보는 것이니까. 마찬가지로 말의 덕은 말을 신실하고 좋은 말로 만든다. 그래서 만일 다른 모든 경우에도 이와 같다고 한다면, 인간의 덕 역시 그것에 의해 좋은 인간이 되며, 그것에 의해 자신의 기능을 잘 수행할 수 있게 만드는 품성상태일 것이다."

_같은 책, 1106a

인생에 반전이 필요하다면 인문학 독서가 답이다

아리스토텔레스가 말하는 덕은 결국 각자의 고유한 본성과 기능이 최대한 잘 발휘되도록 하는 것을 의미한다. 가령 교수는 교수로서 학생들을 가장 탁월하게 가르치는 것이 덕이며, 배우는 연기를 탁월하게 하는 것이, 정치인은 정치를 탁월하게 하는 것이, 학생은 공부를 탁월하게 하는 것이, 군인은 전투를 잘하는 것이, 신발을 만드는 사람은 신발을 탁월하게 만들어 신는 사람들이 편안하게, 안전하게 미끄러지지 않게 신도록 하는 것이 덕이라는 것이다.

그래서 아리스토텔레스가 말한 덕인 아레테는 결국 탁월한 성질, 탁월한 상태를 말한다. 자신의 분야에서 최고가 된 사람들은 최고의 덕을 갖춘 사람들이 되는 것이다. 그리고 그런 사람들을 통해 인류의 문명이 발달하고 발전한 것이고, 그로 인해 우리가 지금 가장 풍요롭고 화려하고 다채롭고 편안한 삶을 살아갈 수 있다. 이런 점을 토대로 생각해 볼 때, 자신의 기량을 최고로 만들어 탁월한 사람이 되는 일은 결국 자신이 행복해지는 일일 뿐만 아니라 타인과 사회, 세상도 더 나아지도록 만들고, 행복하게 해주는 길이라는 생각으로 확장된다.

그런 점에서 우리는 아리스토텔레스가 말한 행복을 추구하는 것, 우리의 품성을 최고로 만드는 것은 탁월성이라는 덕을 향하여 나아가는 노력 및 행위의 삶이며, 그러한 삶은 결국 우리의 목적이고 삶의 목적인 우리의 행복뿐만 아니라 타인과 사회의 행복에도 영향을 미친다는 사실을 이해할 수 있다.

바로 이런 이유에서 아리스토텔레스는 책 제목을 행복학 또는 행위학이라 하지 않고, '윤리학', '즉 개인적 차원인 도덕이 아닌, 사회적 차원의 고려인 인간의 삶과 행위에 대한 원리인 윤리라 정의한 것이다.

아레테(arete, 덕)가 탁월성을 의미한다는 점에 대한 예는, 전쟁을 나간 군인이 탁월한 전투력을 발휘하여 전쟁에서 승리하고, 창과 검을 만드는 기술자가 탁월한 능력으로 상대의 검보다 훨씬 더 강하고 가볍고 튼튼한 창과 검을 만들면 전쟁에서 승리할 수밖에 없다는 사실에서도 알 수 있다. 전쟁에서 승리해야 평화와 안정을 보존할 수 있고, 살아갈 수 있다. 평화와 안정을 보존하면서 살아가는 최고의 목적은 바로 행복한 삶을 위한 것이다.

그렇기 때문에 삶의 목적인 행복은 품성이 되고, 품성은 덕이고, 덕은 탁월성으로 이어진다. 이것은 단순하게 표현하면, 행복한 삶을 살기 위해서는 뛰어나야 한다는 얘기이다.

그런데 문제는 여기에, 우리가 주목해야 하는 것도 여기에 있다.

"행복한 삶을 살기 위해서는 탁월해야 한다."

그렇다면 우리는 어떻게 탁월해질 수 있는가? 우리는 어떻게 뛰어난 사람, 비범한 사람이 될 수 있는가? 이제 이 문제에 직면하게 된다.

"우리는 어떻게 탁월한 사람이 될 수 있는가?"

결국 이러한 질문은 현재 자기계발서가 추구하고 제시하고자 하는 주제이기도 하다. 다시 말해, 아리스토텔레스가 2,300년 전에 말한 윤리학의 토대가 되는 주장 중 하나가 지금 현대인들이 가장 많이 읽는 자기계발서의 주제, '어떻게 자신을 뛰어넘어 비범한 존재가 될 수 있을까?'라는 것이다.

즉, 용어만 바뀌었을 뿐이지, 아리스토텔레스 역시 그 당시 시민들에게 "좋은 삶이란 무엇인가?"라는 질문을 던졌고, 그러한 질문은 몇 가지 단어를 새롭게 정의하는 과정을 거쳐 결국 "우리는 어떻게 하면 탁월성을 가질 수 있는가?"라는 질문에 도달하였다.

그런데 그가 제시하는 해답은 지금 이 시대의 위대한 성공학 강사나 자기계발서 작가들이 끊임없이 제시하는 방법 중 하나와 거의 일치한다. 대표적인 베스트셀러인 스티븐 코비(Stephen Covey) 박사의 〈성공하는 사람들의 7가지 습관〉이란 책을 보면 느낄 수 있다.

아리스토텔레스는 "우리는 어떻게 하면 좋은 삶을 살아갈 수 있을까?"라는 철학적 질문을 던지고, 그 해답으로 '우리의 행위와 노력'을 강조했고, 그것은 바로 '우리의 습관'이라고 결론 내렸다.

여기서 그가 제시하는 덕의 원인 혹은 조건은 세 가지이다. 경험, 시간, 습관.

현대의 자기계발서 작가들 역시 경험을 위해 책을 많이 읽거나 여행을 하라고 말하고, 시간을 위해 시간 관리를 강조하고, 좋은 습관을 기르는 것을 유독 많이 강조하는 데 이는 우연히 맞아떨어진다.

아리스토텔레스는 덕에도 두 가지 종류가 있으며, 그중 하나는 습관의 결과이고, 나머지 하나는 교육, 즉 경험과 시간의 결과라고 말한다. 그가 직접 한 말을 살펴보면 이렇다.

> "덕에는 두 종류가 있다. 하나는 지적인 덕이며, 다른 하나는 성격적인 덕이다. 지적인 덕은 그 기원과 성장을 주로 가르침에 두고 있다. 그런 까닭에 그것은 경험과 시간을 필요로 한다. 반면 성격적 덕은 습관의 결과로 생겨난다."
>
> **_같은 책, 1103a, 1103b**

그의 말을 정리하면 우리가 탁월함을 기르기 위해 필요한 것은 경험과 습관이며, 그것이 효과를 발휘하기 위해서는 당연히 시간이 걸린다. 그는 이러한 결과로 인간의 다양한 품성이 적절하게 조화를 이룬 상태를 중용이라고 불렀다. 중용은 단순히 중간 지점, 산술적 균형을 뜻하는 것이 아니라 가장 질적인 조화, 가장 좋은 상태를 유지할 수 있는 기준과 조건이 되는 적절하고 조화로운 품성을 지칭한다.

가령 용기는 용기가 결핍된 상태인 비겁과 그것의 과잉 상태인 무모함이 조화를 가장 잘 유지하는 질적인 상태인 것이다. 그것이 중용의 덕인 것이다. 인색함과 낭비의 중용의 덕인 관후함, 무감각과 방탕의 중용의 덕인 절제, 쩨쩨함과 사치함의 중용의 덕인 호탕함, 비굴과 오만의 중용의 덕인 긍지, 무관심과 성마름의 중용의 덕인 공손함, 퉁명, 냉대, 무시와 아첨, 아부의 중용의 덕인 친절, 파렴치와 수줍음의 중용의 덕인 겸양, 악의와 질투의 중용의 덕인 의분 등이 모든 품성의 기준적 조건인 중용의 덕인 것이다.

2,300년 전 아리스토텔레스가 제시한 품성의 기준인 중용의 덕들인 용기, 절제, 긍지, 친절, 겸양, 공손, 관후함 등은 현대의 자기계발 작가들이 가장 많이 강조하고, 주제로 삼는 것들이기도 하다. 그 점에서 아리스토텔레스는 2,300년 전에 이미 이러한 사실들을 모두 꿰뚫어 보았다고 평가할 수 있다. 그런 점이 바로 그가 위대한 철학자로 평가받을 수 있는 또 다른 이유는 아닐까?

이 책은 인간이 행복하게 살기 위해서는 어떻게 살아야 하고, 무엇을 추구해야 하는지에 대한 책이기도 하고, 혼자가 아닌 더불어 잘 살기 위해 필요한 것이 윤리라는 것에 대해 말하는 책이기도 하고, 좋은 삶, 좋은 인생에 대해 설명하는 책이기도 하다. 그럼 점에서 이 책은 '행복론'이기도 하고, '윤리학'이기도 하고, '인생론'이라고도 할 수 있다. 하지만 앞서 언급했듯이, 이 책은 어떻게 보면 최고의 자기계발서라고도 할 수 있다.

결론은 아리스토텔레스에게 행복은 인간이 부여받은 본성이나 기능을 가장 잘 실현하도록 최고의 품성을 갖추고, 탁월하고 비범해지는 덕을 갖추는 일이었다. 또한 그것이 바로 행복이고, 행복은 바로 삶의 목적이고, 좋은 삶은 최고의 행위들로 구성되어지고, 최고의 행위는 바로 좋은 습관들과 경험, 교육의 결과물이며, 그것이 바로 좋은 삶, 행복한 삶, 덕을 갖추는 삶의 조건이며 원인이기도 했다.

세상이라는 커다란 책

_ 데카르트 <방법서설>

"이 서설이 너무 길어 한 번에 읽을 수 없다면, 여섯 부분으로 나누어 읽어도 좋을 것이다. 제1부에서는 제반 학문들이 다양하게 고찰되고 있다. 제2부에서는 저자가 찾고 있는 방법의 주요 규칙들이 고찰되고 있다. 제3부에서는 저자가 이 방법에서 끌어낸 몇몇 도덕 규칙이 제시되고 있다. 제4부에서는 저자가 신 및 인간 정신의 현존을 증명하는 데 사용한 근거들, 즉 저자의 형이상학의 토대가 되는 근거들이 제시되고 있다. 제 5부에서는 저자가 탐구한 자연학적 문제들의 순서, 특히 심장의 운동 및 몇 가지 의학적 난제들에 대한 설명이 제시되고 있으며, 나아가 우리 영혼과 짐승의 영혼 간의 차이에 대해서도 논의되고 있다. 끝으로 제6부에서는 자연에 대한 탐구를 더욱 진척시키기 위해 요구되는 것으로 생각되는 것 및 저자가 이 책을 쓰게 된 동기가 서술되고 있다."

<방법서설>의 첫 페이지에 나온 문장이다.

데카르트가 왜 이 책을 집필했는지 알고 싶다면 제6부부터 읽으면 된다. 그리고 그의 조언대로 한 번에 읽을 수 없다면 여섯 부분으로 나누어 읽는 것이 좋다. 그리고 이 의미는 굳이 순서대로 읽지 않아도 된

다는 것을 의미한다. 그렇다면 이 책의 집필 의도는 무엇일까? 그것부터 파악해야 한다. 아무 의미도 모른 채 무작정 읽어 나가는 것보다 이 책의 저자가 왜 이 책을 집필했는지를 알고 그 책을 읽어 나가는 것이 훨씬 더 이해와 배움에 도움이 많이 되기 때문이다. 제6부를 읽으면 그의 집필 의도를 알 수 있는 대목을 쉽게 만날 수 있다.

"그것을 나 혼자 간직하고 있어서는 안 된다는 생각이 들었다. 이는 우리 힘이 닿는 데까지 인간의 전체 복리를 도모하라는 율법에 크게 어긋나는 것이기에 말이다. 왜냐하면 이런 일반 개념들이 나에게 보여 준 바는, 우리는 삶에 아주 유용한 여러 지식에 이를 수 있고, 강단에서 가르치는 사변적인 철학 대신에 실제적인 것을 발견할 수 있으며, 이로써 우리는 불, 물, 공기, 별, 하늘 및 우리 주변에 있는 모든 물체의 힘과 작용을 마치 우리가 우리 장인의 온갖 기교를 알듯이 판명하게 앎으로써 장인처럼 이 모든 것을 적절한 곳에 사용하고, 그래서 우리는 자연의 주인이자 소유자가 된다는 것이다."

_데카르트, <방법서설>, 제6부

그가 이 책을 집필한 의도는 '인간의 전체 복리를 도모'하기 위해서이다. 그리고 궁극적인 목적은 '이 모든 것을 적절한 곳에 사용하여, 인간이 자연의 주인이자 소유자가 되는 것'을 실현하기 위한 것이다. 그는 철학 대신에 실제적인 것들을 발견할 수 있고, 우리 주변에 있는 모든 물체의 힘과 작용을 분명하게 알 수 있고, 삶에 유용한 여러 지식들을 탐구할 수 있어야 한다고 말하며, 그것이 또한 가능하다고 말한다. 그리고 그것이 가능한 방법으로 그가 제시한 탐구법들이 또한 바로 이 책의 핵심 내용인 것이다. 이 책의 원제목이 〈이성(理性)을 잘 인도하고, 학문에 있어 진리를 탐구하기 위한 방법의 서설〉이라는 것에서부터 무엇보다 이 책이 '방법의 이야기'라는 것을 우리는 쉽게 이해할 수 있다.

이제 다시 제1부와 제2부로 돌아와 살펴보면 그의 주장은 명확하다. 이성만으로는 충분하지 않고, 이성을 잘 사용하는 것이 더 중요하며, 그렇게 하기 위해서는 방법이 필요하다는 것이다.

> "양식(bon sense)은 이 세상에서 가장 공평하게 분배되어 있는 것이다. 왜냐하면 사람들은 누구나 그것을 충분히 갖추고 있다고 생각하고 있으며, 다른 모든 것에 있어서는 좀처럼 만족하지 않는 사람도 그것만큼은 자신이 갖고 있는 것보다 더 바라지 않기 때문이다.
>
> 좋은 정신을 지니는 것만으로는 충분치 않으며, 그것을 잘 사용하는 것이 더 중요하기 때문이다."
>
> **_같은 책, 제1부**

이 책은 결국 우리의 이성을 '잘' 사용하는 것에 대한 이야기이다. 그가 그 당시 통용되고 있었던 일반적인 지식들은 거의 다 배웠음에도 자신의 책을 통해서, 특히 제1부에서, '이성을 잘 사용하는 방법'을 배우거나 찾을 수 없었다고 밝히면서, 기존의 학문과 관습을 비판하는 것은 결국 왜 방법을 배울 수 없었느냐에 대한 토로이다.

인생에 반전이 필요하다면 인문학 독서가 답이다

"철학에 대해서는 다음과 같은 것만 말하고 싶다. 즉, 오랜 세월에 걸쳐 뛰어난 정신의 소유자에 의해 철학이 연구되었음에도 불구하고, 철학에는 논쟁의 여지가 없는 것이 하나도 없고, 따라서 의심의 여지가 없는 것은 하나도 없음을 보고서, 내가 다른 사람들보다 철학을 더 잘 할 수 있으리라는 희망을 가질 수 없었다."

_같은 책, 제1부

그가 기존 학문인 중세의 스콜라 철학에 대해 비판하는 부분이다. 그는 철학적 지식에 엄청난 의심을 품었다. 그리고 그는 그 당시 나머지 대부분의 학문들이 철학에서 비롯되었기 때문에 그 어떤 것도 믿을 수 없다고 강하게 비판했다.

"그리고 나머지 다른 학문들에 관해 말하자면, 이 학문들의 원리는 철학에서 비롯되고 있기 때문에, 이처럼 어설픈 토대 위에는 그 어떤 것도 견고하게 세워질 수 없다고 생각한다."

_같은 책, 제1부

결국 데카르트는 그 당시 학교에서 배우는 대부분 학문들의 토대가 확고하지 않다고 강하게 확신한 후, 학교 공부를 집어치워 버렸던 것이다. 그는 토대가 어설프게 세워진 기존 학문 중심의 학교 공부가 아닌 새로운 공부의 영역을 독자적으로 개척하였다. 그리고 그것은 바로 '세상이라는 커다란 책' 속에서 발견해 나가는 공부였다. 그리고 그렇게 하기 위해 가장 중요한 것은 양이나 질이 아닌 방법이었다.

> "그래서 나는 내 스승들로부터 해방되는 나이가 되자 학교 공부를 집어치워 버렸다. 그리고 내 자신 속에서 혹은 세상이라는 커다란 책 속에서 발견할 수 있는 학문 외에는 어떤 학문도 찾지 말자고 다짐했다."
>
> **_같은 책, 제1부**

그가 말한 '세상이라는 커다란 책' 속에서 발견할 수 있는 학문은 어떤 학문일까? 그것은 바로 생각을 통한 학문, 사유하는 학문을 의미한다고 할 수 있다. 그래서 그의 학문하는 모습은 혼자서 조용히 몰두할 수 있는 곳, 가령 혼자서 난로방에 들어앉아 생각하며 연구하는 것이었다. 그래서 그의 학문의 출발점은 '자신의 생각'인 것이다.

그리고 그것은 그의 학문적 방법인 '자기 자신의 속에서' 연구하는 것을 의미한다. 그는 기존의 철학에는 의심의 여지가 없는 것이 하나도 없고, 논쟁의 여지가 없는 것이 하나도 없기 때문에 자신이 스스로 절대로 의심할 수 없고, 논쟁할 수도 없는 확실한 한 가지를 발견해 낸다. 그렇게 탄생한 것이 그의 철학의 제일원리인 '나는 생각한다. 그러므로 나는 존재한다'라는 명제이다.

> "그러나 이런 식으로 모든 것이 거짓이라고 생각하고 있는 동안에도 이렇게 생각하는 나는 반드시 어떤 것이어야 한다는 것을 알게 되었다. 그리고 '나는 생각한다. 그러므로 나는 존재한다'라는 이 진리는 아주 확고하고 확실

인생에 반전이 필요하다면 인문학 독서가 답이다

한 것이고, 회의론자들이 제기하는 가당치 않은 억측으로도 흔들리지 않는 것임을 주목하고서, 이것을 내가 찾고 있던 철학의 제일원리로 거리낌없이 받아들일 수 있다고 판단했다."

_ 같은 책, 제4부

이 명제를 '코기토 명제'라고도 한다. 그것은 이 명제를 라틴어로 '코기토 에르고 숨(cogito ergo sum)'이라 쓰기 때문이다. 이 명제가 우리에게 말하는 것은 한 가지 사실이다. '우리는 생각하는 존재이며, 생각이야말로 우리의 정체성을 확고히 하고 만들어내는 본질적인 요소'라는 것이다.

우리는 데카르트의 〈방법서설〉을 통해 두 가지는 확실하게 기억해두어야 할 필요가 있다. 첫 번째는 확실성에 대한 탐구이고, 두 번째는 그가 확실성을 탐구하기 위해 수학과 자연과학 같은 비인문학의 도움을 받았다는 사실이다.

그가 수학과 자연과학의 도움을 받은 이유는 철학을 위주로 한 당시의 모든 학문들이 불확실하고 의심스러울 수밖에 없다고 생각했기 때문이다. 그래서 그는 모든 확실한 인식은 자신이 세운 철학의 제일원리인 자아의 존재에 대한 인식과 더 이상 의심할 수 없는 확실성과 명증성을 주는 수학, 과학 등에 대한 연구를 통해 비로소 가능하다고 생각했다.

그래서 〈방법서설〉의 뒷부분은 굴절광학, 기상학, 기하학 등 자연과학에 관한 부분으로 이루어져 있으며, 그는 또한 〈굴절광학〉, 〈기상학〉,

〈대수학〉 등의 저술도 남겼다.

데카르트는 인간의 도덕적이고 관습적이고 전통적인 삶의 세계와 학문 세계를 과감하게 버리고, 과학적이고 수학적인 확실성의 세계, 독자적인 사유를 통한 학문의 세계를 열었다. 이런 점에서 그가 제시한 '세상이라는 커다란 책'은 바로 우리 '자신'이며, 우리의 '생각'이라고 나는 생각한다.

인생에 반전이 필요하다면 인문학 독서가 답이다

3부 —

통합적인 책 읽기의
세계에 빠져 보자

—

"독서의 미덕은 정신적인 경작(耕作)이라는 데 있다.
그것은 정신적인 수목(樹木)을 닮아서 몇 년 또는 몇 세대고 이어져서
해마다 새로운 잎을 낳고, 그 잎 하나하나가 부적처럼 기적을 행하는 힘이 있다."

_ 토머스 칼라일

"책이 책을 낳는다."

_ 볼테르

"나는 책을 읽을 때 어려운 부분과 만나면 결코 과도하게 골몰하지 않는다.
한두 번 생각하다가 알 수 없을 때는 포기하고 만다.
어려운 부분에 계속 집착하면 자신과 시간을 동시에 잃고 말기 때문이다."

_ 몽테뉴

"너무 급하게 읽거나 너무 천천히 읽을 때는 아무것도 이해하지 못한다."

_ 파스칼

—

제6장

독서하지 않는 인생은 갇힌 인생이다

"독서를 하지 않으면 '자기 생각'의 회로 안에서만 머물게 된다.

(…) 보통 사람들은 이제까지 배운 교육과 현실 사이에

괴리가 발생하면 혼란스러워하고 당황한다.

그리고 어떻게든 자기가 믿고 싶은 대로 합리화하고 싶어 한다.

하지만 독서를 통해 생각을 많이 하는 사람들은 다르다. (…)

이상한 것을 이상하다고 단정짓지 않고, 정상인 것을 단순한 정상으로 보지 않고,

그 이면에 교차한 무수한 실타래의 연관성을 주시한다.

이 같은 태도는 복잡하고 예측 불가능한 사회 현상을 이해하고 적응하는 데 꼭 필요한 능력

이라 할 수 있다."

_ 스티브 레빈, 〈지식을 경영하는 전략적 책 읽기〉 중

가장 위대한 세계는 책의 세계다

"인간이 자연에게서 거저 얻지 않고 스스로의 정신으로 만들어 낸 수 많은 세계 중 가장 위대한 것은 책의 세계다."

헤르만 헤세는 자신의 저서인 〈헤르만 헤세의 독서의 기술〉에서 이렇게 말했다. 인간이 만든 것 중에서 가장 위대한 것은 그의 말대로 책의 세계이다. 그리고 그 책의 세계는 두 가지로 나누어진다. 바로 인문학 도서와 비인문학 도서이다.

세상의 모든 책이 다 인문학 도서는 아니다. 하지만 모든 책은 인간의 정신에서 탄생한 것이며 자연에게서 거저 얻지 않은 것이라는 점에서 동일하며, 인간의 삶을 보다 풍요롭게 해준다는 점에서도 동일하다.

그러므로 굳이 이 두 가지의 차이점을 나누어 보라고 한다면, 인문학 도서는 우리의 정신을 더 풍요롭게 해주는 쪽이고, 비인문학 도서는 우리의 일상생활을 더 풍요롭게 해주는 쪽이라고 할 수 있다. 인간답게 살기 위해서 정신의 풍요로움이 더 중요하다고 말할 수 있지만, 일상생활에서 어느 정도 삶의 조건이 갖추어지지 않으면 삶은 기울어 버릴 수 있다.

그런 점에서 한쪽 책만 읽는 것은 매우 어리석은 짓이다. 하지만 지금 우리의 삶과 사회 구조는 한쪽 책만 읽어야 한다고 강요하는 듯하다. 우리가 문학을 전공하는 게 아니라면, 학창 시절 동안 우리가 배우는 전공서 대부분에 비인문학 도서 비율이 압도적으로 높은 것은 불가피한 현실이다.

그렇기 때문에 우리가 인문학 도서를 의도적으로 읽으려 해야 편중된 독서의 균형을 맞출 수 있다. 너무나 우수한 인재들이 인문학 도서가 아닌 비인문학 도서에만 치중하기 때문에 인문학적 소양을 갖추고, 인문학 도서를 탐독한 이들이 오히려 사회에서 두각을 나타내고, 상대적으로 창의적이고 혁신적인 인물이 되는 것은 어찌 보면 매우 당연한 일이다.

비인문학 도서들은 절대로 상상력을 자극하지 못한다. 반면 인문학 도서를 탐독한 이들은 상상력이 매우 뛰어날 수밖에 없다. 동시대의 인물로서 가장 혁신적인 아이콘으로 평가받는 스티브 잡스가 최고의 혁신가라는 찬사를 받았던 것도 그가 인문학에 심취한 인물이었기 때문이다.

가장 위대한 세계는 책의 세계라고 필자가 생각하는 이유 중 하나는 책의 세계에는 차별과 불평등이 없기 때문이다. 이 세상에는 차별과 불평등이 어느 정도 존재한다. 외모가 뛰어나지 않다거나 학벌이 뛰어나지 않아 사회적 차별이나 불평등을 겪은 경험은 누구에게나 있다.

그렇다. 이 세상이란 불평등하고, 차별도 존재한다. 하지만 책의 세계는 살며 불평등과 차별을 겪은 나를 차별하지 않았다. 그리고 불평등하게 대하지도 않았다. 이처럼 모든 이들에게 언제나 공평한 것이 바로 책과 독서의 세계이다. 그런 점에서 책의 세계는 위대하다고 할 수 있다. 책은 그 어떤 선생보다도 더 위대한 선생이고, 그 어떤 세계보다도 더 위대한 세계다. 책의 세계는 그 어떤 둔재도 천재로 거듭나게 해주고, 그 어떤 악인도 선인으로 거듭나게 해준다.

책의 세계가 위대한 세계인 또 다른 이유는 책은 읽은 만큼 우리를 배신하지 않기 때문이다.

우리는 책을 읽은 만큼 이 세상에 대해 알 수 있다. 그리고 아는 만큼 이 세상이 보인다. 그리고 보이는 만큼 이 세상에 대해 말하고 책도 쓸 수 있다. 이것이 필자가 책의 세계가 위대하다고 말하는 또 다른 이유인 것이다.

읽은 만큼 알게 되고,
아는 만큼 보게 되고,
보는 만큼 쓰게 되고,
쓰는 만큼 살게 된다.

위대한 인생을 말이다.

책을 읽기만 하면 큰 사람이 된다는 건 착각이다

우리는 보통 책을 읽으면 큰 사람이 될 수 있다고 생각한다. 그래서 많은 사람이 책을 읽으라고 자녀들에게 권한다. 물론 이것은 틀린 말이 아니다. 하지만 과연 무조건 책을 읽는다고 큰 사람이 되는 것일까? 물론 훌륭한 사람이 되기 위해 이것은 매우 비중 있는 요인이기는 하다. 하지만 그것이 결정적인 요인일까? 필자는 절대 아니라고 말하고 싶다. 우리 주위에는 무수한 책벌레들이 있다. 필자도 책벌레다.

그렇지만 그 무수한 책벌레들이 모두 큰 사람이 되어, 역사의 한 페이지를 장식하는 것은 아니다. 오히려 책을 많이 읽었지만 큰 성공을 하지 못하고 그저 그렇게 살아가는 사람들의 비율이 책을 읽어서 큰 성공을 한 사람들보다 훨씬 더 높다고 생각한다. 그 이유는 무엇일까?

그 이유는 책을 읽어 성공하는 데에는 엄연히 법칙이 존재하지만, 그것을 발견하지 못하고, 그 법칙대로 책을 읽지 않기 때문이다. 이것은 독서의 가장 중요한 두 가지 요소를 미처 발견하지 못한 채 수박 겉핥기식으로 독서하는 것과 관계가 있다.

똑같이 책을 읽었는데 누구는 거인이 되고 크게 성공하는데, 당신만 평범하게 살아간다면 너무 억울하지 않을까? 책을 읽지 않은 것도 아닌데 말이다.

수많은 위대한 위인의 삶을 조사해 본 결과, 위인들은 모두 운이 좋게도 혹은 운명적인 상황이나 불가피한 여건으로 인해서 어쩔 수 없이, 두 가지 조건을 충족시키면서 책을 읽은 행운아(?)였다는 사실을 필자는 발견했다. 그래서 이 두 가지 조건을 충족시키는 독서를 할 때, 둔재가 천재로 거듭나고, 나약하고 소심한 사람은 대범하고 위대한 사람으로 바뀐다는 사실을 필자는 확신하였고, 그 이야기를 이 책에서 하고자 하는 것이다.

"마법의 3년, '3년 독서의 법칙'을 알아야 한다."

13억 중국인을 하나로 만든 중국의 국가 주석이었던 모택동 역시 학교 다니는 것 대신에, 도서관에만 파묻혀 일정 기간을 독서에만 몰두한 "집중 독서 경험"을 가졌다는 사실을 아는가? 발명왕 에디슨에게도 역시 12세 무렵을 전후로 하여 도서관에 있는 책을 모조리 독파해 버린 그런 "집중 독서 기간"이 있었다는 사실을 아는가? 그 집중 독서 시기 동안 그는 디트로이트 시립 도서관의 책을 모두 읽었다. 삼중고의 장애에도 불구하고, 위대한 인생을 살다 간 헬렌 켈러 여사에게도 일정 기간 동안의 "집중 독서 기간"이 있었다는 사실을 아는가? 아인슈타인, 처칠, 존 스튜어트 밀 등의 인물도 부모로부터 "집중적인 독서 훈련"을 받았던 적이 있다는 사실을 아는가?

이들 모두는 '3년 독서의 법칙'에서 제시하는 두 가지 조건을 충분히 충족시키는 독서를 해 성공과 인생 역전을 할 수 있었다. 이 법칙의 위력

인생에 반전이 필요하다면 인문학 독서가 답이다

은 재주나 기술을 연마시켜 주는 것이 아니라, 독서의 임계점(臨界點)을 넘게 해주어, 사람 그 자체라고 할 의식과 사고를 비약적으로 향상시켜 준다는 데 있다.

"많은 것을 변화시키고자 한다면, 많은 것을 받아들여라"라고 말한 철학자 사르트르(Sartre)의 조언대로, 많은 책을 읽은 사람이 단 한 권의 운명적인 책을 읽은 사람보다 훨씬 더 나은 삶을 살아갈 수 있다. 한 권의 책을 읽는다는 것은 단 하나의 멋진 우물을 경험한다는 것이다. 그 우물이 정말 멋지고 크다면, 그것으로 될 것이다. 하지만 이 세상의 그 어떤 명저라고 할지라도 다른 구백구십구 권을 모두 합쳐 놓은 것보다 더 위대할 수 있는 책이 과연 있을까?

수천 권의 책을 읽은 사람은 수천 개의 우물을 경험한 것과 다름없으며, 수천 개의 우물이 3년이라는 짧은 시간에 한 사람의 정신과 마음과 의식이라는 장소에 모이면, 그것은 한 번도 경험해 보지 못한 거대한 사고의 바다를 형성한다. 그러한 거대한 사고의 바다를 경험해 본 적이 있는 사람과 없는 사람의 차이를 어떻게 말로 설명할 수 있을까? 필자는 못한다. 그 엄청난 차이를 인간의 제한적인 언어로는 표현할 수 없기 때문이다.

▶ 3년 독서의 법칙에는 두 가지 조건이 있다

첫째: 독서한 양이 1,000권이 넘어야 한다.

둘째: 독서하는 데 걸린 시간이 1,000일(3년) 이내여야 한다.

독서를 하지 않으면 자신의 인생에 갇히게 된다

"우리가 읽는 책이 우리 머리를 주먹으로 한 대 쳐서 우리를 잠에서 깨우지 않는다면, 도대체 왜 우리가 그 책을 읽는 거지? 책이란 무릇, 우리 안에 있는 꽁꽁 얼어 버린 바다를 깨뜨려 버리는 도끼가 아니면 안 되는 거야."

_프란츠 카프카, <변신> 중

이 말은 우리가 왜 책을 읽어야 하는지, 그리고 좀 더 나아가서 책 읽기의 궁극적인 목적은 무엇인지에 대해서 생각해 보게 한다. 그것도 아주 적나라하게 말이다. 우리가 읽는 책이 그저 알량한 지식이나 정보를 제공해 주는 것에 그친다면 우리는 절대로 책을 통해 우리의 삶을 변화시키지 못한다.

자동차 매뉴얼이나 휴대폰 매뉴얼이 책이 아닌 이유가 바로 이것이다. 그것들은 종이와 글자와 그림으로 구성되어 있음에도 우리가 말하는 책이 아니다. 책이 가져야 할 요소 중에 가장 중요한 요소들이 대거 생략되어 있기 때문이다.

우리가 이러한 매뉴얼을 평생 읽었대도 책을 읽었다고는 하지 않는다. 그것은 '매뉴얼'이기 때문이다. 우리가 책을 읽는 궁극적인 목적은 우리의 머리를 깨우기 위해서다. 다시 말해 우리 안에 갇혀 사는 우리의 의식과 사고를 깨뜨려 버리고, 그곳에 새로운 의식과 사고를 집어넣기 위해서이다. 그리고 이것은 또다시 말해, 기존의 편협하고 어리석은 의식과 사고의 수준을 최대한 극대화시켜 의식과 사고의 도약을 이룩하기 위한 것이다.

헤르만 헤세는 잘못된 독서는 무엇보다도 자기 자신에게 부당한 것이라고 설파했다. 시간과 정력을 소비하며 일절 도움도 안 되고, 소화해 내지도 못할 글들로 뇌를 혹사하는 짓이므로 잘못된 것이라고 말이다.

> "대부분의 사람들이 독서를 제대로 이해하지 못하며, 왜 책을 읽는지조차 정확히 모른다. 어떤 이들은 독서를 '교양을 쌓기 위해 힘들지만 부득불 걸어야 할 길'로 생각하며 잡다한 독서를 통해 상당한 '교양을 쌓는다'. 또 누구는 독서란 그저 시간을 죽이기 위한 가벼운 소일거리라고 여겨 무슨 책을 읽든지 간에 지루하지만 않으면 어차피 다 똑같다고 생각한다."
>
> **_헤르만 헤세, <헤르만 헤세의 독서의 기술>, 1쪽**

책 읽기의 궁극적인 목적은 교양을 쌓기 위해서도, 가벼운 소일거리이기 때문도 아니다. 그렇다고 현실 도피 혹은 자신을 잊기 위해서도 아니다. 책 읽기의 궁극적인 목적은 인생의 성숙이다. 자신과 자신의 일상을 잊고자 함도 아니고, 교양을 쌓기 위해서도 아니다. 이와는 반대로 의식적으로 자신을 더욱더 성숙하게 하여 자신만의 삶을 단단히 붙잡기 위함이다. 하지만 바쁘게 살아 움직이는 현대로 오면서, 경쟁 사회는 우리의 독서 목적을 크게 변절시켰다. 문화평론가 박민영 씨는 자신의 저서를 통해 이러한 사실에 대해 다음과 같이 설명한다.

"포스트모던 시대에 책은 더 이상 절대적인 지위를 갖고 있지 않다. 책은 정보 습득을 위한 여러 매체 중 하나로 인식될 뿐이다. 사람들은 인터넷에서 정보를 찾듯이 책에서 정보를 찾는다. 인격 수양, 진리 탐구, 지혜 획득, 사회 변화 방편으로써의 책 읽기는 퇴색되고, 단지 직장 생활을 잘 하기 위해, 돈을 벌기 위해, 학점을 잘 따기 위해 책을 읽는 사람들이 늘고 있다. 독서 목적이 크게 바뀌어 가고 있는 것이다."

_박민영, <책 읽는 책>, 50쪽

그렇다. 그의 말대로 책 읽기의 궁극적인 목적이 크게 바뀌어 가고 있다. 그래서 우리는 더욱더 인문학 독서를 해야 할 필요성을 크게 느낀다. 인문학 독서의 목적이 일반 도서의 독서 목적과는 크게 다르기 때문이다.

책을 읽는다는 데에는 우리의 영혼을 풍요롭게 한다는 목적이 있다. 하지만 지금 서점에 가면 처세술과 재테크, 각종 수험 관련서, 전공 서적 등이 자리를 독차지하고 있다. 우리의 영혼을 풍요롭게 해주는 인문학 도서는 자꾸만 눈앞에서 사라져 간다.

"평소에 독서를 하지 않는 사람은 시간적으로나 공간적으로나 자기 하나만의 세계에 감금되어 있다. 그러나 그러한 사람들이라도 손에 책을 들기만 하면 생각조차 하기 어려운 별천지에 있는 자신을 발견할 것이다."

중국의 작가이자 문명비평가인 임어당의 이 말은 우리가 왜 독서를 해야 하는지를 정확하게 설명하는 말이다.

하지만 이렇게 독서를 통해 인생의 폭을 넓히고 본래 사고의 틀에 갇히지 않기 위해서는 절대로 다른 사람이나 그 사람의 의견에 반대하고 논쟁하기 위해, 자신의 주장만을 펴기 위해 책을 수단으로 삼지 않아야 한다.

"반대하거나 논쟁하기 위해 독서하지 말라. 그렇다고 해서 있는 그대로 수용하기 위해서도 독서하지 말라. 그저 자신이 생각하고 연구하기 위해서 독서하라."

프랜시스 베이컨(Francis Bacon)의 위의 말은 우리가 독서하는 목적을 이야기해 주는 것 같지만 필자는 이 말을 통해 좀 더 다른 견해를 얻었다.

논쟁에서 누군가의 의견에 반대하기 위해서, 즉 자신의 의견의 근거를 확보하기 위해서 책을 읽는 것은 우리가 경계해야 하는 최악의 독서법이라고 말이다. 그가 주장하는 독서의 순수한 목적은 생각하고 연구하기 위한 것이다.

필자는 그가 주장하는 순수한 독서의 목적이자 기능인 '생각하고 연구하는 것'은 독서의 목적이면서도 동시에 독서의 순수한 과정이라고 생각한다. 독서하면서 우리는 생각하고 연구하게 되고, 좀 더 다양한 방식으로 폭넓게 사유를 확장시켜 나간다. 즉, 사고력 향상은 바로 독서하면서 우리가 얻는 가장 큰 유익함 중의 하나다. 통합적인 책 읽기가 우리에게 부여해 주는 선물은 그러한 읽기를 통해 우리가 생각하는 법을 배우게 된다는 것이다. 단편적인 책 읽기 혹은 지식이나 정보, 기술 습득을 위한 책 읽기, 교양을 위한 책 읽기는 우리에게 생각하는 방법을 배우게 허락하지 않는다.

통합적인 책 읽기가 가능한 독서는 인문학 독서이다. 인문학 독서를 할 때 우리는 사유를 확장시켜 나갈 수 있다. 실용서나 참고서, 교과서를 수백 번 읽었다고 해서 사유를 확장시킬 수 없는 이유가 바로 이것이다. 그런 독서는 비인문학적 독서이고, 통합적인 책 읽기도 아니다.

인생에 반전이 필요하다면 인문학 독서가 답이다

인생을 경영하는 통합적인 책 읽기

"책 읽는 습관을 기르는 것은 인생에서 모든 불행으로부터 스스로를
지킬 피난처를 만드는 것이다."

서머싯 몸(Somerset Maugham)의 이 말은 책 읽는 습관이 인생을 잘
살아가게 해주는 좋은 습관임을 말해준다. 하지만 필자는 여기서 한
발 더 나가서 책 읽기는 우리의 인생에서 모든 불행으로부터 스스로를
지킬 피난처를 만드는 소극적인 행위가 아니라 우리의 인생을 훨씬 더
행복하게 만들어주는 적극적이고 능동적인 행위이며 나아가 자신의 인
생을 경영하는 창조적이고 주도적인 행위라고 말하고 싶다.

책 읽기가 소극적인 행위가 되는 이유 중 하나는 남에게 아는 척하기
위해, 그저 지식만 쌓기 위해 책을 읽을 때이다. 하지만 남에게 아는 척
하기 위해 책을 읽지 않고, 자신을 성장시키기 위해 책을 읽는 사람들
은 타인이 아닌 자신의 편견과 무지를 일깨우고, 깨뜨린다. 그 결과 자
신의 성장과 발전을 추구하고, 그것이 결국 자신의 인생을 경영하는 데
까지 이르게 한다.

통합적인 책 읽기는 자신이 아무것도 알지 못한다는 사실에서 비롯
되어야 한다. 조금이라도 자신이 무엇을 안다고 생각하는 순간 그 책과

대립하기 시작한다. 물론 실용서나 일반 도서를 읽을 때는 이러한 자세가 필요할 수 있다. 하지만 인문학 독서는 지식의 유무와 아무런 상관이 없다. 그저 백지장에 그림을 하나씩 그려 나가는 마음으로 읽어야 한다.

어린 아이의 마음, 겸손한 마음으로 인문학 독서를 할 때 비로소 통합적 책 읽기가 가능해지고, 그것이 인생을 새롭게 태어나게 하기에 최고의 인생 경영법이기도 하다. 인생을 경영한다고 해서 외적으로 시간을 철저하게 관리하고, 목표를 설정하고, 그 목표를 향해 끊임없이 내달리는 것만을 생각해서는 안 된다. 참된 인생의 경영은 외적인 변화가 아니라 우리 내면의 변화에서부터 시작한다. 내면에서 변화가 일어난 만큼 우리의 인생은 변하게 된다. 이러한 내면에서부터의 진정한 변화는 통합적인 책 읽기, 즉 인문학 독서를 통해 비로소 가능하다.

좋은 책이라고 해서 반드시 인문학 서적이라고 할 수는 없다. 하지만 좋은 책의 조건을 몇 가지 제시할 경우, 그 조건을 골고루 다 만족하는 책을 100권 정도 선정해 보면, 95% 이상의 책은 인문학 서적들이 될 것이다.

결국 좋은 책이란 인문학 서적들이고, 나쁜 책이란 비인문학 서적들이란 공식이 도출된다. 하지만 여기에는 맹점이 있다. 좋은 책의 조건을 삶의 가치를 드높이고, 자신의 편견을 깨게 도와주고, 자신과 자신의 삶을 향해 정면으로 근본적인 질문을 던지는 책이라고 제시할 경우에만, 이러한 공식이 어느 정도 맞다고 할 수 있다는 것이다.

반대로 좋은 책의 조건을 돈을 많이 벌게 해주고, 부자가 되게 해주고, 직장에서나 직업에서 성공하게 해주고, 좋은 인간관계를 맺고, 타인에게 사기 당하지 않고, 상대방을 잘 활용하게 해주는 조건이라고 할 때엔, 이 공식은 틀리다고 할 수 있다.

결국 좋은 책이란 사람마다 다를 수 있다. 자기 자신에게 좋은 책은 자기 자신에게 가장 큰 감동과 재미와 교훈, 근본적인 질문을 주고, 자신의 편견과 아집을 깨뜨릴 수 있고, 자신의 성장과 발전을 이루게 하는 그런 책이다. 하지만 자기 자신에게 좋은 책이라고 해서 다른 사람, 즉 동료나 가족이나 친구들에게 똑같이 좋은 책일 수는 없다.

사람들마다의 환경과 처지, 의식과 사고 수준에 따라 좋은 책은 다를 수밖에 없다. 모든 책이 인문학 도서는 아니지만, 그럼에도 책에 저마다의 가치가 있는 이유가 이것이다.

책을 읽는 즐거움이 독서의 승패를 결정한다

책에 죽고 책에 사는 독서광들의 공통점은 책 읽는 즐거움을 안다는 것이다. 이들에게는 책을 읽는 장소가 낙원이고, 책을 읽는 시간이 황금과 같은 희열의 순간이다.

책을 읽는 즐거움이란 지적 희열에 빠져 먹는 것도 잊고, 온갖 고통과 근심을 잊고, 잠자는 것도 잊고, 나이 먹는 것도 잊고 그 행위를 탐닉하는 것이다. 이것을 맛본 사람은 마약에 중독된 이들이 마약을 끊을 수 없는 것처럼 독서를 끊을 수가 없다. 이 세상의 다른 것은 다 포기한다 해도 그 즐거움을 포기할 수 없는 것이다.

결국 인문학 독서법의 승패를 좌우하는 것은 인문학 읽기를 통해 얼마만큼 큰 독서의 즐거움을 맛보았느냐에 달려 있다. 즐거움이 토대가 될 때 지속력도 생기는 법이다. 그렇게 지속력이 생겨 지속할 때 개선을 거듭한 더 나은 독서법이 창출된다. 인문학 독서에도 불광불급(不狂不及)의 원리가 존재하는 것은 바로 이 때문이다. 자신이 미칠 만큼 그것이 재미있지 않다면, 그래서 미치지 않으면 절대로 인문학 독서에 성공할 수 없다.

책벌레가 된 사람들은 한마디로 책에 미친 사람들이고, 책에 미친 바보들이다. 그렇게 미칠 때 결국 자신만의 독특한 독서법이 탄생한다. 이

인생에 반전이 필요하다면 인문학 독서가 답이다

미 책에 미쳐 수천 권의 책을 탐닉한 사람에게는 사실상 타인의 독서법은 무용지물이다. 자신에게 가장 적합한 독서법이 무엇인지 아는 사람은 자기 자신밖에 없다.

독서를 잘한다는 것과 책을 많이 읽었다는 것은 다르다. 독서를 잘할 줄 안다는 것은 책을 통해 자신의 인생을 재창조할 줄 안다는 것을 의미할 뿐이다. 책을 통해 자신의 인생을 재창조할 수 있느냐 없느냐는 얼마나 좋은 책을 많이 읽고, 그로 인해 많은 것을 배우고 얻었는지, 그리고 많은 것들을 누리고 경험했는지, 그리고 또 얼마나 의식과 사고의 도약을 했는지 하는 것들로 결정되어야 한다. 그 과정에 즐거움이 누락되어 있고, 그 과정이 온통 고통과 인내로만 점철되어 있다면 그것은 도를 닦는 것이지, 독서를 했다고는 말할 수 없을 것이다. 독서는 즐거움이어야 하고, 동시에 성찰과 고뇌가 동반되어야 한다. 커피가 전 세계적으로 인기를 끄는 이유가 한잔의 커피 속에 단맛과 쓴맛이 공존하기 때문이듯, 참된 독서도 이와 같다.

참된 독서엔 즐거움과 위안과 기쁨과 치유와 회복이 있어야 하며 동시에 성찰과 고뇌와 반성과 변화가 있어야 한다. 어느 한쪽으로만 치우쳐서는 안 된다. 하지만 처음부터 즐거움이 없는 독서를 하면, 결국 중도에 포기하게 되고, 성찰과 고뇌와 반성을 통한 변화에 이르지 못한다. 하지만 처음부터 즐거움과 위안과 기쁨과 치유와 회복이 있는 독서를 하면, 이를 지속할 수 있고, 그것이 습관이 되어 버리면, 자연스럽게 성찰과 고뇌와 반성을 통한 변화의 순간도 맛보게 된다.

한국 사람 중 독서와 담을 쌓고 지내는 이들이 많은 이유 중 하나도 이 '한쪽'과 연관이 있지 않을까 생각해 본다. 어렸을 때 부모들이 너무 많은 한쪽만을 강요했기 때문에 독서는 힘들고 어려운 것이고, 지성인이 되기 위해 하기 싫어도 해야 하는 의무가 되어 버린 것이다. 독서는 절대 의무가 아니라 특권에 더 가깝다는 사실을 우리는 인식해야 한다.

과거 중세에는 평민들은 책을 읽고 싶어도 읽을 수 없었다. 그때에는 책을 읽는다는 것이 목숨을 걸어야 하는 엄청난 일이기도 했다. 그러니 지금 이 시대에 사는 우리들은 모두 행운아라는 사실을 기억하자.

제7장

시대 흐름에 맞는
통합적인 고전 독서법

- 기록하고 사색하고 취하고 넘치도록!

"인간의 성공은 독서량에 정비례한다.
책을 많이 읽은 사람은 그만큼 위대하게 되는 것이다.
우리나라에는 위대한 사람이 많이 나지 않는다.
그것은 위대한 사람이 될 만큼의 독서량이 없기 때문이다."

_ 정을병, 〈독서와 이노베이션〉, 17쪽

"잘 읽기 위해서는 발명가가 되어야 한다."

_ 랄프 왈도 에머슨

기록하지 않으면 독서가 아니다

_ 손을 움직여라

필자에게 가장 강렬한 인상을 남긴 위대한 독서광은 누구일까?

도서관을 통째로 먹어 치웠다는 토마스 에디슨보다 더 필자에게 큰 감동을 준 위대한 독서광은 우리 선조 중에 한 명, 중국에 한 명이 있다. 우리 선조 중 한 명은 세종대왕이고, 중국의 한 명은 키가 160cm도 채 되지 않는 농부의 아들이지만 10억 중국인들을 이끌었던 20세기 중화인민공화국 최고의 영웅, 모택동(毛澤東)이다.

그는 학교를 그만두고, 아예 도서관에 파묻혀 책만 읽은 적이 있을 정도로 다독가이고, 열정적인 독서광이었다. 그가 얼마나 위대한 독서광이었는지, 로스 테릴(Ross Terrill)의 〈모택동전〉에는 다음과 같은 구절이 나온다.

> "세계사의 모든 지도자들 가운데 프랑스 대통령 드골과 중국 주석 모택동만큼 독서를 즐겼던 사람은 없다."

이 말을 증명이라도 하듯, 모택동은 장개석의 국민당에 쫓겨가는 10만 리 대장정 중 말라리아에 걸려 들것에 실려가면서도, 책을 꽉 붙드는 위대한 독서의 자세를 보여줬다. 하지만 필자가 모택동에게 큰 감동을 받은 것은 그의 이러한 독서 편력 때문이 아니다. 그가 보여 준 독서에 대한 뜨거운 광기 때문이다. 그는 한마디로 '미친 듯 열렬히' 책을 읽었던 사람이다. 그리고 그는 '죽기 살기로 멈추지 않고 책을 읽은 사람'이었다.

이런 스타일의 사람을 보면 좋아하지 않을 수 없다. 왜냐하면 필자가 바로 이런 스타일로 책을 읽기 때문이다. 그리고 더 중요한 이유는 책을 읽는 것뿐만 아니라 필자의 글쓰기 스타일이 바로 이것이기 때문이다.

'미친 듯 열렬히, 신들린 것처럼, 죽기 살기로 멈추지 않고 책을 쓰는 작가.' 이것이 필자를 가장 잘 설명하는 말인 듯하다.

어쨌든 세종대왕과 모택동이 모든 사람의 귀감이 되고도 남을 독서광이라는 사실엔 의문의 여지가 없을 것이다. 중국의 국부 모택동은 젊었던 시절인 19세에 성립제일중학교에 입학하였지만 다음해 학교를 그만두고, 아예 도서관에 파묻혀 책만 읽었다.

"성립제일중학교에 입학하였는데, 나는 이 학교를 좋아하지 않았습니다. 교과 과정에 지나치게 제한이 많았고, 규정 또한 못마땅했기 때문입니다. 나는 다른 학생들이 귀가한 후에도 홀로 교실에 남아 독서를 했습니다. 어두워서 보이지 않으면 양초를 바꿔서 읽었습니다. 이 학교에는 여러 가지로 나를 도와 준 선생님이 한 분 있었습니다. 그분이 빌려 준 〈어비통감집람〉을 읽은 뒤에 나는 혼자서 책을 읽으며 공부하는 것이 낫겠다고 결론을 내렸습니다. 입학한 지 6개월 만에 나는 이 학교를 그만두었습니다. 대신에 매일

호남의 성립도서관에서 독서를 하였습니다. 나는 규칙적으로 집중해서 매우 열심히 책을 읽었습니다. 아침 일찍 도서관에서 가서, 도서관 문이 열리기를 기다렸습니다. 점심은 떡 두 개로 해결했습니다. 그리곤 도서관 문이 닫힐 때까지 책을 읽었습니다. 이렇게 보낸 6개월이 나에게는 참으로 귀중한 시간이었습니다."

_ <모택동 자서전> 중

한마디로 그가 가장 좋아한 것은 독서였고, 그가 가장 많이 한 것도 독서였다. 그래서 그는 '내가 평생 가장 좋아한 것은 독서이다. 밥은 하루 안 먹어도 괜찮고 잠은 하루 안 자도 되지만 책은 단 하루도 안 읽으면 안 된다'고 말하기까지 했다.

그런데 이러한 독서 습관과 독서에 대한 자세보다 필자가 그에게서 배웠던 가장 중요하고 독특한 독서법은 따로 있었다. 그것은 바로 '기록하는 독서법'이다.

그의 독특한 독서법 중에서도 가장 강렬한 인상을 남겼던 독서법인 '기록하는 독서법'에 대해 그는 다음과 같은 말을 남긴 적이 있다.

"붓을 움직이지 않는 독서는 독서가 아니다."

5천 년 중국 역사를 만든 현자들의 공부법에 대한 책인 〈현자들의 평생공부법〉이란 책에 소개되어 나오는 말이다.

그는 책을 읽으면 항상 요점 정리를 했고, 책에다가 항상 다양한 표기를 했고, 책 속에 다양한 주를 달면서 책의 저자와 책을 통해 직접적으로 소통했다. 심지어 책의 내용이나 관점이 자신과 맞지 않다고 생각하면 과감하게 그 부분을 고쳐 쓰기도 했다. 또한 그는 독서 일기를 쓰기도 하면서 독서는 반드시 붓을 잡고 움직이면서 하는 것이라는 확고한 견해를 가졌던 사람이었다.

 필자에겐 3년 동안의 지독한 독서 경험을 통해 한 가지 확실하게 깨달은 사실이 하나 있는 데, 그것이 바로 '눈으로만 하는 독서보다 손으로 적어 가면서 하는 독서가 수십 배 혹은 수백 배 더 독서 효과를 낸다'는 사실이다.

 물론 사람에 따라서는 다를지 모르겠다. 하지만 필사나 초서를 중요한 독서법 중 하나라고 강조하는 사람들이 적지 않다. 물론 이론적으로 그 중요성을 강조하는 것은 별로 신빙성이 없을 것이다.

 하지만 필자는 경험을 통해 이 사실을 터득했다. 독서를 처음 시작할 때는 그냥 눈으로 읽었다. 그렇게 몇 개월 많은 책을 읽었지만 이상하게도 남는 것이 하나도 없었다. 하지만 어느 순간부터 공책을 구입하여, 항상 중요한 부분들을 베껴 쓰며 독서를 하였는데, 바로 그 때부터 필자의 독서 효과가 수십 배 높아졌음을 실제로 경험하였다.

 그런데 나중에 알게 된 사실로 필자가 수많은 시행착오를 통해 깨달은 독서법이 바로 '초서(抄書)'법이라는 것이었고, 이러한 독서법으로 이미 위대한 업적을 달성한 사람이 있다는 사실을 알아 매우 놀라지 않을 수 없었다.

그는 바로 다산 정약용이다. 그는 약 2백 년 전에 18년 동안 제주도 유배지에서 엄청난 책을 읽고 공부했을 뿐 아니라 500권에 달하는 저서까지 남겼다. 다산 선생이 그렇게 할 수 있었던 힘은 한마디로 '초서'의 힘이었을 거라고 필자는 생각한다. 물론 18년 동안 유배지 제주에서 복사뼈가 세 번이나 구멍 날 정도로 노력했기 때문이기도 하겠지만, 방법이 효과적이지 못할 경우 성과는 미비할 수 있다는 것이 필자의 지론이다. 다산 선생은 초서를 자신의 공부법으로 삼았을 뿐만 아니라 자녀들에게도 강조했다.

초서(抄書)란 책에서 중요한 부분이나 내용을 뽑아 옮겨 쓰는 것을 말한다. 이런 점에서 필사(筆寫)와 다르다. 필사는 그냥 베끼어 쓰는 것을 말한다. 초서는 책의 내용 가운데 중요한 부분만을 뽑아서 쓰는 것이다.

필자가 개인적으로 추천하는 독서법은 필사가 아닌 초서이다. 물론 어떤 의미에서는 필사와 초서가 비슷하다고 할 수 있지만, 엄밀하게 말하면 필사는 과거에 책의 양이 절대적으로 적었을 때, 책 한 권 구하기가 하늘의 별 따기만큼 힘들었을 때 가장 효과적이었던 독서법이라고 생각한다. 초서는 지금처럼 너무나 많은 책들, 많은 작가들이 넘치는 이 시대에 더욱더 필요한, 즉 시대의 흐름에 맞는 통합적인 독서법이라고 생각한다.

다산 선생이 둘째 아들인 학유에게 부치는 편지 중에 독서에 대해 아들에게 이렇게 당부하는 부분이 나온다.

"초서하는 방법은 반드시 먼저 자기의 뜻을 정해 만들 책의 규모와 편목을 세운 뒤에 남의 책에서 간추려 내야 맥락이 묘미가 있게 된다. 만약 그 규모와 목차 외에도 꼭 뽑아야 할 곳이 있을 때는 별도로 책을 만들어 좋은 것이 있을 때마다 기록해 넣어야만 힘을 얻을 곳이 있게 된다. 고기 그물을 쳐 놓으면 기러기란 놈도 걸리게 마련인데 어찌 버리겠느냐?"

그런데 이것보다 더 초서의 효과를 강조한 대목이 있다. 〈다산 선생 지식 경영법〉이란 책을 보면 다산 선생이 얼마나 초서의 효과를 강조했는지 생생하게 느낄 수 있는 그의 편지가 소개되는데 그중 일부만 소개하면 이렇다. 그가 초서의 방법에 회의를 느끼고 초서의 효과를 의심하던 두 아들에게 보낸 '두 아들에게 답함'이라는 편지 내용 중 일부이기도 하다.

"학문의 요령은 전에 이미 말했거늘, 네가 필시 이를 잊은 게로구나. 그렇지 않고서야 어찌 초서의 효과를 의심하여 이 같은 질문을 한단 말이냐? 무릇 한 권의 책을 얻더라도 내 학문에 보탬이 될 만한 것은 채록하여 모으고, 그렇지 않은 것은 눈길도 주지 말아야 한다. 이렇게 한다면 비록 백 권의 책이라도 열흘 공부거리에 지나지 않는다."

_ 정민, 〈다산 선생 지식 경영법〉, 140~141쪽

그의 편지엔 '중요한 내용을 베껴 쓰는 일을 그만두어서는 안 된다', '책에서 뽑아내면 바야흐로 일관되게 꿰는 묘미가 있다'라고 말하는 대목이 자주 나온다. 한마디로 다산 선생의 공부법의 핵심은 '부지런히 초록하고 쉴 새 없이 기록하는 것'이었다.

다산 선생의 제자인 황상도 또한 70세가 넘어서도 독서와 초서를 멈추지 않았다. 그래서 주위 사람들은 그에게 도대체 뭐 하러 그 나이까지 그렇게 책을 읽고 베껴 쓰느냐고 묻기도 했다. 그럴 때마다 그는 자신의 스승인 다산 선생의 독서와 초서를 하시면서 복사뼈에 구멍이 세 번이나 난 것, 즉 과골삼천(踝骨三穿)에 대한 이야기를 했다고 한다.

바로 이러한 필자의 개인적인 경험과 모택동과 다산 선생의 독서법을 근거로 하여 '기록하지 않으면 독서 효과가 없다'고 말하고 싶은 것이다. 그리고 이를 바탕으로 말하자면 결국 독서 효과가 없다는 것은 독서가 아니라고 말해도 무리가 아니라고 생각한다.

그저 시간을 보내기 위해 심심풀이로 독서하는 사람에게 손을 움직이라고 한다면 귀찮아 할 것이 당연하다. 하지만 자기 자신의 성장과 인생의 도약을 위해, 좀 더 나은 자신을 만들어 나가기 위해 독서하는 사람에게라면 반드시 손을 움직이는 독서를 하라고 당부하고 싶다.

사색하지 않으면 독서가 아니다

_ 뇌를 움직여라

'나는 생각한다. 그러므로 나는 존재한다'라는 데카르트의 명제보다 필자는 더 중요한 것이 있다고 생각한다. 그것은 바로 인간은 생각의 틀 속에서 쉽게 벗어나지 못하는 부족한 존재라는 것이다. 그렇기 때문에 평생 어제와 별반 다를 바 없는 인생을 살아가는 사람들이 적지 않다. 하지만 이러한 사람들이라도 책을 읽고 인생이 달라지는 경험을 많이 한다.

책을 통해 인생 역전을 하는 사람들을 주변에서 잘 찾아보면 적지 않다. 그렇다면 어떻게 책을 통해 인생 역전을 하는 것일까? 그것은 책을 읽는다는 것이 결국 사고의 확장을 가져온다는 것을 증명한다. 그렇기 때문에 '나는 책을 읽는다. 그러므로 나는 사색한다'라고 명제를 바꿀수 있다. 책을 읽었기 때문에 생각이 바뀌고, 생각이 바뀌기 때문에 행동이 달라지고, 행동이 달라지기 때문에 습관이 달라진다. 그 결과 궁극적으로 인생이 달라진다.

〈논어〉에서 공자는 '배우고 생각하지 않으면 어둡고, 생각만 하고 배우지 않으면 위태하다'라고 말한다. 여기서 배움이란 책을 읽는 것, 즉 독서를 의미한다고 말해도 될 것이다. 즉, 독서하면서 생각하지 않으면 우둔해진다. 그리고 생각만 하고 독서하지 않으면 위태해진다.

그러므로 독서를 하면서 생각하는 것이 가장 현명해지는 방법이며 좋은 독서법 중에 하나인 것이다. 생각하지 않고 많은 지식만 쌓는 것은 자기 자신을 어리석은 사람으로 만드는 길 중 하나다. 지혜는 지식과 다르고, 지혜는 지식이 인간의 사고와 결합하여 한 단계 더 숙성된 것이라고 할 수 있기 때문이다.

경험과 지식이 많을수록 좋은 것은 그만큼 지혜의 재료가 많기 때문이다. 그래서 책을 많이 읽으면 다양한 경험과 지식을 자신의 것으로 삼을 수 있다. 하지만 지식과 경험이 아무리 많아도 사색을 게을리한다면 그 지식과 경험을 인생을 좀 더 잘 살아 나가는 데 반드시 필요한 지혜로 전환하는 데 소홀한 것과 다를 바 없다.

그 결과, 힘들게 지식을 쌓고 경험을 많이 해도, 어제보다 오늘이 더 나아지지 않고, 그 자리에 머무는 인생이 된다.

맹자 역시도 공자와 비슷한 말을 한 적이 있다. 그는 〈맹자〉라는 책을 통해 '생각하면 얻고 생각하지 않으면 얻지 못하게 된다(思則得之 不思則不得也)'라고 말했다.

"기억이 아니라 사색에 의해서 얻어진 것만이 참된 지식이다."

톨스토이(Tolstoy)의 이 말은 우리에게 진짜 독서가 왜 인문학 읽기이며 동시에 사색인지를 깨닫게 해준다. 지식과 정보는 기억할 수 있다. 그러므로 그것은 진짜 지식이 아니다. 하지만 인문학 읽기를 통한 사색은 기억하는 것이 아니라 탐구하는 것이고, 만들어 나가는 것이고 없던 길을 개척해 나가는 것이다. 그리고 이러한 사색을 통해 우리는 제대로 된 참된 독서를 할 수 있다.

"반대하거나 논쟁하기 위해 독서하지 말라. 그렇다고 해서 있는 그대로 수용하기 위해서도 독서하지 말라. 그저 자신이 생각하고 연구하기 위해서 독서하라."

프랜시스 베이컨의 이 말대로 최고의 독서법은 생각하고 연구하는 것이다. 그런 점에서 독서는 사색과 뗄 수 없는 일체의 행위이다. 사색이 중요한만큼 필자가 독자들에게 조심해야 하는 독서법이라고 주의하고 싶은 독서법이 바로 속독법이다. 속독법이 결코 나쁘다는 것은 아니다. 속독법으로 책을 읽으면 빨리 읽고, 많은 정보와 지식을 습득하고, 다양한 책들을 섭렵할 수 있다. 그래서 효과적이기도 하다.

하지만 빨리 읽고, 많이 읽고, 많은 지식을 쌓는 것보다 더 중요한 것은 사색하는 것이다. 그래서 아무리 많은 책을 읽어도 읽은 만큼 사색이 뒷받침되지 않는 독서를 한 사람은 인생이 바뀌지 않고, 성장과 발전도 없다. 결국 독서는 사색에 의해 완성된다.

"생각하지 않고 읽는 것은 씹지 않고 식사하는 것과 같다."
E. 버크는 말했다.

"독서는 다만 지식의 재료를 줄 뿐, 그 자신의 것을 만드는 것은 사색의 힘이다."

로크도 덧붙였다.

"당신에게 가장 필요한 책은 당신으로 하여금 가장 많이 생각하게 하는 책이다."

마크 트웨인도 목소리를 더했다.

책을 읽는다는 것은 한마디로 사색한다는 것이고, 독서는 사색하기 위해 필요한 수단에 불과하다. 그렇다면 독서를 통해 사색하면, 그러한 독서 행위를 한 사람은 과연 무엇이 되는 것일까? 결국 그러한 독서법을 실천하는 사람은 사색과 상상을 통해 무한히 새로운 것들을 만들어 내는 발명가가 되는 것이 아닐까?

"잘 읽기 위해서는 발명가가 되어야 한다."

랄프 왈도 에머슨도 우리에게 단적으로 주장한다.

읽는다는 것은 상상하고 또 상상하여 새로운 것을 만들어 내는 행위여야 한다는 것을, 그리고 그렇게 하기 위해서는 천재라도 둔재라도 반드시 사색을 필요로 한다는 것을 독자들은 기억해야 할 것이다.

결론은 가장 책을 잘 읽는 사람은 빨리, 많이 읽는 사람이 아니라 사색을 통해 새로운 것을 많이 상상하고 생각하고 발명해 내는 '생각 발명가'라는 사실을 말이다.

"훌륭한 독자 = 뛰어난 사색가 = 생각 발명가."

취하지 않으면 독서가 아니다

_ 몸을 움직여라

"나는 맥주 대신 물리학과 칸트의 〈순수이성비판〉에 취하겠다."

_ 아서 밀러, 〈아인슈타인 피카소〉, 319쪽

20세기 최고의 과학자 중 한 명인 알베르트 아인슈타인의 말이다.

아인슈타인은 열등한 어린 시절을 보내다가 고전을 좋아했던 부모의 영향과 환경으로 자신도 고전을 접했다. 그러다 고전에 점점 심취하여 급기야는 십대 후반에 인문학 독서에 취하겠다는 당돌한 맹세를 하기에 이른다. 이때 그의 나이 열일곱 살 때라고 한다. 그가 술에 취할 정도로 고전에 취하자 그는 열등한 모습을 더 이상 보이지 않는 사람이 되었을 뿐만 아니라 역사적으로 위대한 발명을 하는 과학자로 도약하였다.

필자의 경험상 독서는 몸이 흐느적거릴 정도로 취해야 '진짜 독서'라는 생각이 들 정도로, 몸을 움직이며 하는 독서, 온몸으로 하는 독서, 온몸이 취하는 독서하는 경험을 갖는 것이 매우 중요하다. 〈아인슈타인 피카소〉라는 책을 보면, 아인슈타인이 전자기 이론의 한계를 뛰어넘어 상대성 이론을 발명할 수 있게 된 이유 중 하나가 그의 의식적 사고라고 말하는 대목이 나오는데 그 의식적 사고의 가장 중요한 배경이 된 것은 두말할 것도 없이 철학 독서였다고 말한다.

이처럼 아인슈타인은 인문학 독서에 취하겠다고 맹세했다. 그리고 정말 그는 인문학 독서를 통해 사고력을 향상시켰고, 그 결과 위대한 업적을 이루어낼 수 있었다고 필자는 생각한다.

몸이 취해서 흐느적거릴 정도로 책에 취해 본 적이 있는가? 필자는 그런 경험이 많다.

책에 취해 몸이 하늘을 날아다니는 느낌을 경험했고, 몸이 콩알보다 더 작아지고, 때로는 우주보다 더 넓어지는 것을 느꼈다. 심지어는 책에 취해 전혀 다른 세상에 가 다른 세계를 경험하는 느낌도 받았다.

술에 만취한 사람이 느끼는 감정과 경험을 어떻게 다 글로 표현할 수 있을까? 그런데 책에 심취하는 순간 그 어떤 감미로운 술에 취하는 것보다 더 놀라운 경험을 할 수 있다.

인문학 독서법으로 진정 필요한 독서법이 바로 '취하는 독서법'이 아닐까 필자는 생각한다. 인문학의 주류는 철학과 문학, 역사이다. 역사 책을 읽으면서 독자들은 그 역사의 현장 속에 들어가야 한다. 철학책을 읽는 독자들은 마음껏 사유하면서 현실과 세상을 넘나들어야 한다. 문학책을 읽는 독자들도 마찬가지로 문학 작품 속에 마음껏 빠져들어야 하고, 그 문학 작품 속의 주인공도 되어 보아야 한다.

그렇게 하기 위해서 책에 취하지 않으면 절대 안 되는 것이다. 인문학 독서법은 기교나 테크닉이 중요한 것이 아니라 몸이 완전하게 빠져드는 독서, 즉 취하는 독서가 되어야 한다.

어떻게 술도 아닌 책에 취할 수 있을까? 반문하는 독자들이 있을 수 있다. 하지만 술보다 책에 취하는 것이 더 쉽고, 더 유익하고, 더 재미있고, 더 흥미롭다는 사실을 알아야 한다. 그렇게 하기 위해서는 '온몸으로 하는 독서'를 해야 한다. 손과 눈으로 하는 독서를 뛰어넘어 인문학 독서는 반드시 온몸으로 해야 하는 독서인 것이다.

세계 최고의 독서가로 불리는 알베르토 망구엘은 말했다.

> "내가 쓴 거의 모든 책이 그렇듯이, 이 책의 주제도 독서다. 독서는 창조적인 활동 중에서 가장 인간적 활동이다. 나는 우리가 근본적으로 뭔가를 읽는 동물이며, 독서를 넓은 의미로 받아들일 때 독서하는 능력이 우리 인간이란 종(種)을 정의한다고 믿는다. 우리는 이 땅에 태어난 모든 것에서 이야깃거리를 찾아내려 한다. 풍경, 하늘, 타인의 얼굴에서는 물론이고 우리가 창조해 낸 이미지와 글에서도 이야깃거리를 찾아내려 한다. 우리는 우리 자신의 삶과 타인의 삶을 읽고, 우리가 살아가는 사회만이 아니라 경계 너머에 존재하는 사회까지 읽는다. 또 그림과 건물까지 읽고 해석하려 한다. 물론 책표지 사이에 쓰인 단어들도 읽는다."
>
> **_ 알베르토 망구엘, <책 읽는 사람들>, 서문 중**

그는 독서가 가장 인간적인 활동이라고 주장한다. 인간은 본질적으로 뭔가를 읽어야 하는 동물이고, 읽는 동물이라는 것이다.

우리가 무엇인가에 중독되고, 취하면 그것에서 벗어나기 힘들어지는 것처럼 필자는 책에 중독되었고, 책에 취한 삶을 살았다. 그런데 알베르토 망구엘은 뭔가를 읽는 것, 즉 활자 애호가 혹은 조금 더 나아가서 활자 중독자는 본질적인 인간의 특성이라고 말하는 것 같다.

책에 취하는 독자들이 바로 이상적인 독자라는 생각이 강하게 든다. 알베르토 망구엘은 자신의 똑같은 책을 통해 이상적인 독자들에 대한 다양한 표현을 한 적이 있다. 그가 생각하는 이상적인 독자는 과연 어떤 모습의 사람들일까?

"이상적인 독자는 책을 끝까지 읽기를 바라는 동시에, 그 책이 끝나지 않기를 바란다.

이상적인 독자는 장르를 구분하지 않는다.

이상적인 독자는 소설의 주인공이다.

이상적인 독자는 책의 등장인물 중 하나와 사랑에 빠진다.

이상적인 독자는 책도 부활한다고 믿는다.

이상적인 독자는 책을 덮을 때마다, 자신이 그 책을 읽지 않았더라면 세상이 더 불행해졌을 거라고 생각한다.

이상적인 독자는 조금씩 쌓아가는 독자다. 따라서 한 권의 책을 읽을 때마다 이야기에 새로운 기억을 한 겹 더 입힌다."

_같은 책, 126~127쪽

특히 책에 취하는 독자들은 아무리 하찮은 것이라도 신선하게 받아들이며 읽는 독자이다. 수동적으로 받아들이기만 하는 독자가 아니다. 신선하게 받아들이면서 그것을 다시 새로운 생명체로 만들어 내는 창조가이다.

그래서 '이상적인 독자는 텍스트를 절개해서 껍질을 들어내고 골수까지 파들어 가, 동맥과 정맥을 일일이 추적해서 완전히 다른 생명체를 만들어 낼 수 있는 번역가'라고 그는 또한 덧붙였던 것이다.

그런 점에서 책에 취한다는 것은 그저 수동적으로 책을 읽고 그 세계에 빠져들어 중독된다는 뜻이 아니다. 완전하게 책의 내용에 몰입하고 빠져들면 새로운 세상을 만들 수 있고, 또 새로운 책도 써 내려갈 수 있게 된다.

술에 취한 사람은 평소에는 하지도 못하는 말을 용감하게 한다. 어떤 이들은 술의 힘을 살짝 빌려서 어떤 말을 하거나 어떤 행동을 하려고 한다. 이것이 나쁜 의도나 행동으로 이어지지 않는다면 나쁘지 않다. 이처럼 책에 취하도록 독서한다는 것도 책의 힘을 통해 새로운 무엇인가를 생각하고 창조하고 진군한다는 것을 의미한다. 그런 점에서 책에 취한다는 것은 책의 힘을 통해 새로운 인생을 몸을 움직여 살아간다는 것을 의미하고, 수동적인 수용이 아닌 능동적인 창조 행위라는 점을 이해해야 한다.

〈젊은 베르테르의 슬픔〉 같은 작품을 읽고 자살한 독자들은 수동적인 수용만 한 독자들이다. 이상적인 독자는 능동적인 새로운 삶의 방식과 삶을 얼마든지 창조해 내 더 나은 삶을 살아가는 방법을 발견하는 독자들이다.

괴테 역시 예술 작품을 다른 것으로 완전히 다시 만들어 내는 독자

유형에 대해 말한 적이 있다. 그가 요한 프리드리히 로흘리츠에게 보낸 편지에 담긴 내용이다.

"독자에는 세 가지 유형이 있다. 첫째는 판단하지 않고 즐기는 유형이고, 셋째는 즐기지 않고 판단하는 유형이며, 중간의 둘째는 즐기면서 판단하고 판단하면서 즐기는 유형이다. 이 마지막 유형이 예술작품을 진정으로 완전히 다시 만들어 낸다. 이 유형에 속하는 독자는 많지 않다."

어떤 유형의 독자들이라도 결국 책에 취하는 독자는 바로 책에 미친 책광(册狂)들이라고 표현할 수 있다. 책광을 가장 잘 표현한 말 중에 하나가 바로 '독서망양(讀書亡羊)'이 아닐까?

춘추전국 시대에 장(臧)이라는 양치기가 있었다. 이 양치기는 독서에 미친 사람이거나 책을 읽으면 완전히 취하는 유형의 사람이었다. 하루는 독서에 취해서 자신이 키우던 양을 잃어버리고 말았다. 그래서 나온 말이 '독서망양'이다.

이렇게 책에 취한 사람들이 가장 좋아하는 곳은 도서관이고 서점일 것이다. 옛날 사람들은 책을 고르고 책을 사는 것을 '도서 탐방(圖書 探訪)'이라고 일컬었다. 이것을 줄여서 '방서(訪書)'라고 부른다. 그래서 좋은 책 한 권을 얻으면 좋은 친구 한 명을 사귄 것과 같다고 생각했다.

이러한 방서는 책에 취한 사람, 책광들만이 할 수 있는 가장 독특한 삶의 양식이라고 할 수 있다. 고전 독서가라면 모름지기 방서를 좋아할 수밖에 없을 것이다. 책에 취하는 독서를 하는 사람이 몸을 움직여야 하는 이유는 바로 방서 때문이다.

  책을 고르고, 책을 만나기 위해서는 몸을 움직여야 한다.

인생에 반전**이** 필요하다면 인문학 독서**가** 답**이다**

넘치지 않으면 독서가 아니다

_ 발을 움직여라

"만 권의 책을 읽고, 만 리 길을 여행하라(讀書萬卷 行萬里路)."

이 말은 명말청초 위기의 시대를 대표하는 학자로 청나라 학풍에 큰 영향을 미친 고염무(顧炎武)가 남긴 말이다. 그는 자신의 말대로 '두 마리의 말과 두 마리의 노새에 책을 싣고 돌아다니며' 발을 움직이는 독서를 했다.

현대인들의 경우에는 집 안에 앉아서 온라인 서점에서 책을 주문하여 읽으면 된다고 생각하는 사람들이 많을 수 있지만, 개인이 구입하여 볼 수 있는 책은 매우 한정적이다. 필자가 권하는 독서법은 여러 도서관을 두루 다니며, 발을 움직이면서 책들을 찾아 섭렵하며 읽는 것이다. 대학 도서관, 시립 도서관, 국립 도서관, 개인 도서관을 두루 다니면서 책을 읽으면, 결국 고염무가 말한 '독서만권 행만리로'를 조금씩 실천하는 것이 된다고 할 수 있다.

다들 '벽창호'라는 말을 들어 봤을 텐데, 고염무가 발을 움직여서 집 밖에 나가지도 않고 책도 읽지 않는 사람을 벽창호 선비라고 말한 것을 〈현자들의 평생공부법〉이라는 책을 통해 알 수 있었다.

"사람이 무언가를 배운다고 하면서 하루 나아가지 못하면 하루 뒤처지는 것이다. 친구도 없이 혼자 공부만 파는 것은 고루할 뿐 아니라 성과를 내기도 어렵다. 한쪽에만 오래 치우쳐 있으면 거기에 물들어 깨닫지 못하게 된다. … 집밖에 나가지 않고 책도 읽지 않는 사람은 벽창호 선비다."

_ 김영수, 〈현자들의 평생공부법〉, 249쪽

시대 흐름에 맞는 통합적인 독서법 중에 하나로 추천하고 싶은 독서법은 수많은 도서관, 다양한 특색을 가진 다양한 도서관을 찾아다니면서 다양하고 수많은 책들을 섭렵하는 독서법이다. 그리고 이 독서법의 본질은 많은 책을 읽는 '다독'이다. 다독의 본질은 많은 것들을 자신에게 입력시키는 것이다. 자기 자신이 구입한 책이 아무리 많다고 해도 만 권은 넘지 못한다. 하지만 평생 책을 읽고자 하는 사람들이라면 알게 모르게 읽어도 만 권을 충분히 넘길 수 있다. 그러니 그때부터는 구입하는 데 한계가 있다. 그런 이유로 독서 기간이 어느 정도 된 이후부터는 발을 움직여서 하는 독서법이 필연적으로 뒤따르게 된다.

대한민국 최고의 도서관인 국립중앙도서관은 890만 권의 장서를 보유하고 있다. 하지만 이것도 그렇게 많은 것은 아니다. 프랑수아 미테랑 국립도서관은 1,200만 권 이상의 책을 보유하고 있고, 일본의 의회도서관은 우리나라 국립중앙도서관보다 약 2배 정도 더 많은 책을 보유하고 있다. 그리고 이보다 더 많은 책을 보유한 곳도 있다. 바로 미국의 국회도서관이다. '인간이 만든 모든 업적'을 활자화한다는 기본 방침

인생에 반전이 필요하다면 인문학 독서가 답이다

아래 1억3천여만 권 이상의 책들을 보유하고 있다.

그런데 필자가 이렇게 도서관들을 넘나들면서 다양한 책들을 많이 읽는 것, 즉 다독을 강조하는 이유는 한두 권의 책을 깊고 느리게 오래 읽는 것보다는 다양한 견해를 가진 수많은 사람들의 다양한 견해를 접하면서 뇌를 빨리 자극하고 회전시키는 것이 더 유익하다는 사실을 알게 되었기 때문이다.

인간의 뇌는 굉장히 게으르다. 그 게으름은 효율적인 측면을 가장 강조하는 뇌의 특성 때문에 발생한 것이다. 습관은 결국 뇌가 가장 효율적으로 일을 반복하기 위해 만들어 놓은 뇌의 작품인 것이다.

어떤 책을 느리게 깊게 오래 읽으면 가장 좋은 것은 뇌이다. 에너지를 적게 소비하며 효율적으로 작동될 수 있기 때문이다. 하지만 다양한 책을 넘치도록 접하고 많이 읽으면 뇌는 게으름을 피울 수 없게 된다.

한마디로 다양하고 많은 책을 읽는 것은 뇌를 부단히 자극하고 단련하는 일종의 뇌 단련법인 셈이다. 이와 함께 수천 권 혹은 수만 권의 책을 읽으면 장르의 경계가 사라지고, 학문의 경계를 넘나드는 통합적인 시각이 길러지기 때문에 문리가 트인다. 그 결과 어떤 분야에서 어떤 일을 해도, 크게 성공할 수 있다. 전쟁 영웅들조차, 승리의 비법은 책에 있다고 했다. 그래서 전쟁터에 나가 전쟁을 치를 때도, 그들은 수많은 책을 가지고 다녔다.

일찍이 공자는 학문하는 것은 산을 만드는 것과 같다고 했다. 어떤 산은 작은 동네 앞산이 되지만, 어떤 산은 누구나 다 우러러보는 태산이 된다. 그 차이가 바로 마지막 흙 한 삼태기라도 마다하지 않고 받아들이느냐 그렇지 않느냐 하는 차이라고 했다.

작은 흙 한 줌 한 줌이 모여 태산을 이루며, 천 리 길 역시도 한 걸음에 시작되며, 마지막 한 걸음에 완성되는 법이다. 이러한 원리가 바로 책에도 적용된다. 한 권 한 권의 책이 모여, 수천 권의 책이 되고, 그것이 바로 태산과 같은 큰 배움에 이르게 하기 때문이다.

수천 권의 책을 읽은 후, 마지막 읽은 한 권의 책으로 비로소 큰 도약이 일어나는 것은 그 마지막 읽은 한 권 책만의 힘이 아니라 물이 다 차야 저절로 흘러넘치듯 다양한 책들이 쌓이고 축적돼 어느 순간 임계점을 돌파했기 때문일 것이다.

그러므로 일정 수준의 양을 뛰어넘을 수 있는 다독은 반드시 필요하다. 다독은 정독의 반대말이 아니다. 정독을 하든 안 하든 누구나 다독해야 하는 것은 다양한 책들 속에 담겨 있는 수많은 인물의 사상과 소통하고 교류함으로써 자신의 사고를 더 폭넓게 확장시켜 나갈 수 있는 방법이기 때문이다.

중국이 낳은 가장 위대한 문학가이자 사상가인 노신(魯迅)은 평생 수많은 책을 읽은 다독가이기도 하다. 그가 주장하는 독서법 중에 하나가 바로 '두루 많이 넓게 읽어라'는 것이다.

"꿀벌 같아야 한다. 많은 꽃에서 채집해야 달콤한 꿀을 만들 수 있는 것과 같다. 한곳에서만 빨면 얻는 것에 한계가 있고 시들어 버린다."

필자는 생각한다. 깊게 파기 위해서라도 먼저 넓게 파야 한다고 말이다. 넓게 파기 위해서는 다양한 분야의 다양한 책을 많이 두루 읽어야만 한다.

이런 측면에서 독서는 축적이다. 한 권씩 쌓이고 또 쌓여서 한 인간을 완성한다. 물이 다 차야 저절로 흘러넘치듯 독서에서도 임계점을 넘어야 독서를 통해 사람이 변하고 인생이 달라진다.

〈창조적 책 읽기, 다독술이 답이다〉의 저자이자 일본에서 '독서의 신(神)'이라 불리는 마쓰오카 세이고는 다독과 소독에 대해 이렇게 언급한 적이 있다.

> "다독(多讀)과 소독(少讀)은 하나로 연결되어 있습니다. 결국 그 본질은 다르지 않다는 말입니다. 하지만 소독을 하다 보면 자연스럽게 다독으로 발전된다는 의미는 아닙니다. 다독에 의해 소독의 의미가 더 깊어질 수 있다는 뜻입니다. 이것이 바로 독서의 재미있는 점이라고 생각합니다."
> **_마쓰오카 세이고, <창조적 책 읽기, 다독술이 답이다>, 15쪽**

결국 본질상으로 독서는 다르지 않다. 다만 발을 움직이며 독서하는 사람은 다독을 하지 않으려고 해도 그 운명을 피할 수 없다. 그것이 책의 힘이기도 하기 때문이다.

즉, 이 모든 것을 종합해 필자가 제안하는 시대 흐름에 맞는 통합적인 고전 독서법은 한마디로 이것이다.

'기록하고 사색하고 취하고 넘치도록.'

인문학과 독서의 새로운 지평을 열고자 하는 독자들에게 책의 내용이 조금이라도 도움이 되었다면 그것으로 집필의 보람과 기쁨은 충분할 것이다.